Life Upon The Wicked Stage

Barbara und Stanley Walden

Life Upon
The Wicked Stage

Ausbildung zum Musicaldarsteller

übersetzt aus dem Amerikanischen von Götz Hellriegel

Kallmeyer´sche Verlagsbuchhandlung

Unser wärmster Dank gilt Muriel Topaz Druckman dafür, daß sie uns dazu brachte, dieses Buch zu schreiben, und seine Entstehung überwachte, Deborah Caplan für ihren großzügigen Beistand bei allen die Alexander-Technik betreffenden Fragen, Dr. Ronald Robbins für seine klärenden Hinweise zur Bioenergetik, Antja Kennedy für ihre Hilfe bei der Übersetzung der Laban-Fachbegriffe ins Deutsche, Prof. Peter Kock und all unseren Studenten und Lehrkräften für ihre Offenheit gegenüber unseren Forschungen in dieser Arbeit und Jacques Levy, Joe Chaiken und George Tabori für ihre zentrale Rolle bei der Gestaltung unseres Theaterbewußtseins.

Die Deutsche Bibliothek – CIP-Einheitsaufnahme

Walden, Barbara:
Life upon the wicked stage : Ausbildung zum Musicaldarsteller /
Barbara und Stanley Walden. Übers. aus dem Amerikan. von Götz
Hellriegel. – Seelze-Velber : Kallmeyer, 1998
   ISBN 3-7800-0112-8

Impressum
Barbara und Stanley Walden. Life Upon The Wicked Stage.
Ausbildung zum Musicaldarsteller.
Aus dem Amerikanischen übersetzt durch Götz Hellriegel

Alle Rechte dieser Ausgabe vorbehalten.
© Kallmeyer'sche Verlagsbuchhandlung GmbH 1998

Druck: Jütte Druck, Leipzig. Printed in Germany
ISBN 3-7800-0112-8

Titelbild „Bahn Frei!": Paul de Vries, Wendy Kamp, Ulrike Stürzbecher, Andreas Göbel, Heiner Große, Nicola Fütterer, Alexandra Fabeck, Modjgan Goudarzi, Marion Musiol   Foto: © Margarete Redl-von Peinen
Seite 2 Collage „Chaosline"-Probe: Katrin Schyns, Adrian Becker, Gerald Michel, Silke Fritsche, Anna Kube   Foto: © Thomas Kube

„Life Upon The Wicked Stage"
aus dem Musical „Showboat"

Für Helen, Matt und Josh

Inhalt

Barbara Walden „Teaching"

Foto: © Archie Kent

Stanley Walden „Am Klavier"

Foto: © Archie Ke

Stanley Walden, Ursula Höpfner in George
Taboris „Jubiläum"   Foto: © Thomas Eichborn

Barbara Walden „BEIN' HERE TONIGHT".
Theatertreffen Wien

Vorwort

Das Theater soll mal wieder in der Krise sein. Das ist nur für die neu, die es behaupten. Sie scheinen nämlich zu übersehen, daß das Theater seit etwa drei Jahrtausenden ständig in der Krise ist, denn das, was man die „Welt" nennen könnte, ist in ihr enthalten; das Theater reflektiert, entgegen allem, was gesagt wird, von jeher die Krisen der Welt. Dies wird nur widerwillig zugegeben, besonders von den Kritikern, deren Aufgabe es natürlich ist, zu kritisieren, wobei sie manchmal vergessen, daß ein Theaterstück, sagen wir, „Faust" oder „Hamlet", gleichgültig, wie inszeniert, eine weitaus profundere Kritik der Welt bietet, als es der bestinformierte Kritiker je könnte. Nun ist aber diese unsere Welt leider nie perfekt (siehe etwa die Bibel). Das Theater würde seiner Berufung untreu werden, wenn es vorgäbe, daß es Perfektion gibt. Es ist an der Zeit, daran zu erinnern, daß die beste, d. h. die authentischste Theatererfahrung eine Spiegelung dieser Nichtperfektion ist. Selbst Gott (siehe die Genesis) hat manchmal gepatzt.

Die gegenwärtigen Symptome einer Krise – mehrere Häuser werden geschlossen, der Wahnsinn der Medien, die ständige Gegenwart der Glotze, die Sparmaßnahmen, um nur einige zu nennen – haben in Wirklichkeit nicht viel damit zu tun, was das Theater, in einem staubigen Proberaum, zu vollbringen versucht. Für manchen von uns ist die sogenannte Probenarbeit der kreativste Teil der Theaterarbeit, weil *man allein ist*, um zu probieren, zu scheitern und um einem tödlich langweiligen Text Leben einzuhauchen. Man ist allein, wie Maler, Bildhauer oder Schriftsteller allein sind. Zuschauer (wer immer sie sind, was immer sie denken und empfinden mögen) sind nicht anwesend. Wir sind allein und in den besten Momenten wie Maler, Bildhauer oder Liebende. Die Probenarbeit und nicht die Aufführung ist der wahrste, kreativste, erschöpfendste, kritischste Moment unserer Arbeit. Stanley und Bobbie Walden haben auf brillante und einzigartige Weise einige der besten, der nützlichsten Aspekte dessen, was man das „Training" des Schauspielers nennen könnte, zusammengestellt. Diese Übungen skizzieren die wunderbare Zeit der Proben unter Ausschluß von Publikum und Kritikern. Aber wer an dem wohlbekannten Phänomen interessiert ist, daß selbst die besten Schauspieler oft schlecht sind, wird dieses Waldensche Modell des Strebens nach Vortrefflichkeit sehr zu schätzen wissen.

George Tabori, Juni 1996

(Deutsch von Ursula Grützmacher)

Vorwort

LIFE UPON THE WICKED STAGE von Barbara und Stanley Walden ist eines der wichtigsten Bücher über Theaterpädagogik, die ich kenne. Indem sie ihren Ansatz einer Ausbildung für die Musicalbühne klar definieren, einen Ansatz, den die Autoren im Umfeld eines hochangesehenen Ausbildungsinstituts über mehrere Jahre hinweg entworfen, angewandt und weiterentwickelt haben, zeigen sie einen soliden, zuverlässigen Weg, die Kreativität und das technische Können eines Studenten zu nähren und zu entwickeln.

Gewiß gibt einem dieses Buch die Grundlage, einen ähnlichen Studiengang aufzubauen und durchzuführen. Wichtiger ist jedoch die Tatsache, daß es auf die Ergebnisse hinweisen kann, die bei der Arbeit in diesem Studiengang bisher erzielt wurden, und jeder anderen Ausbildungsstätte, die diese Methoden übernimmt, entsprechende Ergebnisse praktisch garantieren kann.

Prof. Dr. Jacques Levy
Theaterregisseur und Vorsitzender der Theaterabteilung an der Colgate University. Songtexter mit Bob Dylan („Desire") und des Musicals „Fame"

Einleitung

Die korrekte Lesart dieses Buchtitels sollte „LIFE upon the wicked stage" (*Leben* auf der bösen Bühne) sein und nicht „Life upon the WICKED stage" (Leben auf der *bösen* Bühne) – tut uns leid, die Sensationsgierigen unter euch zu enttäuschen. Aber das Leben ist es, worum sich unsere Arbeit dreht, egal ob auf der bösen oder gütigen Bühne.

Was ist dieses „Musical", von dem wir reden, dieses eher schlecht definierte, polymorphe post-Sondheimsche Tier, das fast allabendlich in jeder großen Stadt auf diesem Planeten freigelassen wird? Wenn wir es als eine Art leichter Unterhaltung ansehen, die *im wesentlichen* die gängigen Formen von Tanz und Gesang benutzt, um ihre Geschichte zu erzählen, dann nähern wir uns den Grenzen dieser Definition.

In Musicals aufzutreten verlangt mehr als nur die Fähigkeit, gleichzeitig zu tanzen, zu singen und zu spielen – obwohl alleine das schon eine ziemlich große Leistung ist. Zu einer mutigen, bezwingenden Darstellung gehören Risikobereitschaft, Großzügigkeit und Spontaneität innerhalb der Struktur des Stückes. Leichter gesagt als getan!

Das Ziel dieses Buches ist es, unsere Erfahrungen weiterzugeben, die wir mit der Ausbildung zum singenden, tanzenden Schauspieler gemacht haben. Wir beschreiben die Methoden und Übungen, die wir für den von uns aufgebauten, vierjährigen Studiengang an der Berliner Hochschule der Künste, dem einzigen seiner Art, aus anderen Quellen entlehnt und in ihm entdeckt und entwickelt haben. Wir durften mitverfolgen, wie diese Übungen die natürlichen Begabungen und Phantasien der Darsteller freisetzten, und dadurch ihre Darstellungskunst deutlich verbesserten.

ANMERKUNG: NATÜRLICH GIBT ES BEI UNS STUDENTEN UND STUDENTINNEN UND LEHRER UND LEHRERINNEN, UND SO HABEN WIR UNS DAZU ENTSCHLOSSEN, DAß IN DIESEM BUCH KAPITELWEISE ALTERNIEREND ENTWEDER *ALLE* MÄNNLICH ODER *ALLE* WEIBLICH SIND.

Barbara Walden, Stanley Walden
in der ZDF-Produktion „Frohes Fest" von George Tabori

Kapitel I
Der Studiengang

Unser Studiengang versucht, zwei scheinbar unvereinbare Elemente unseres eigenen Werdegangs zusammenzubringen: auf der einen Seite die rigorose Ausbildung des „klassischen" Musikers und der „klassischen" Tänzerin sowie die enormen Anforderungen, denen diese Ausbildungen im kommerziellen Musiktheater gerecht werden müssen, und auf der anderen Seite die befreienden, unorthodoxen Improvisationserfahrungen, die wir bei der experimentellen Arbeit von „The Open Theater" in den USA und dem „Tabori-Ensemble" in Deutschland machten. Natürlich haben Peter Brook und Pina Bausch ähnliche Experimente durchgeführt. Wir behaupten nicht, das Rad erfunden zu haben, aber wir glauben, daß unsere Anwendung dieser Erfahrungen in der *Ausbildung* für Musicaldarsteller wenn schon nicht „unique" (einzig), dann zumindest „uniquish" ist.

Die Studenten werden durch eine Zulassungsprüfung (Audition) ausgesucht. Alle Bewerber müssen eine Szene aus einem Musical (Tanz, Gesang und Schauspiel), eine Szene aus einem Theaterstück, drei Lieder (mindestens eines davon auf deutsch) und zwei choreographierte Tänze vorbereiten und vorführen. Das Repertoir der Bewerber sollte die Bandbreite und den Stand ihrer Fähigkeiten zeigen. Nach einer Vorausscheidung werden Ausdauer und Flexibilität, Musikalität und Kreativität getestet. Wir suchen nach der Fähigkeit der Bewerber, als Solokünstler und als Mitglied einer Gruppe „wahrhaftig" zu sein und nach ihrer Fähigkeit, Regieanweisungen umzusetzen. Unsere endgültige Auswahl hängt von ihrer Darstellung in der Musicalszene ab, nachdem sie Regieanweisungen erhalten haben, und von einem persönlichen Gespräch. Die Studenten werden sowohl auf Grund ihrer Persönlichkeit als auch ihres Talentes ausgesucht.

Das erste Jahr ist ein Probejahr: Sollte sich unser Glaube an ihr Talent als ungerechtfertigt erweisen oder sollten sie der Ausbildung nicht mit der nötigen Disziplin und Hingabe begegnen, ist ihr Studium beendet. Eine weitere Auswahl ist nach dem zweiten Jahr möglich, jedoch weitaus komplizierter. Das dritte und vierte Jahr bilden das Hauptstudium.

Das Ausbildungsjahr besteht aus zwei Semestern von jeweils etwa sechzehn Wochen Dauer. Es werden zusätzlich drei bis vier Wochen an das normale Hochschulsemester angehängt, um Workshops in ergänzenden Disziplinen anzubieten und eine verlängerte Ausbildungszeit in Gesang und Tanz zu gewährleisten, da wir glauben, daß drei Monate Ferien für Darsteller untragbar sind. Die Workshops decken eine breite Skala ab von Gesellschaftstanz, Alexander-Technik und Akrobatik bis zu Einführungen in „Acting On Stage" („Bühnentage"), „Mikrofontechnik – Vom Umgang mit dem Mikrofon" und

Foto Seite 14/15 „Chaosline": Katrin Schyns, Vivian Lüdorf, Claire Kremp, Anna Kube, Gerald Michel, Silke Fritsche, Adrian Becker   Foto: © Thomas Kube

Erstes Jahr				
MONTAG	DIENSTAG	MITTWOCH	DONNERSTAG	FREITAG
		9.00–10.00 Show (I)	9.00–10.00 Jazz (I)	
10.00–11.30 Ballett (I)	10.00–11.30 Ballett (I)	10.00–11.30 Modern (I)	10.00–11.00 Ballett (I)	10.00–11.30 Ballett (I)
12.00–18.00 Einzelunterricht (Gruppe)	12.30–13.30 Sprecherziehung		11.30–17.00 Einzelunterricht	12.30–14.30 Basics (Gr. A/B)
	14.00–18.00 Einzelunterricht	13.00–15.00 Schauspiel		12.30–14.30 Engl. * (Gr. A/B)
		15.00–19.00 Einzelunterricht		14.30–16.00 Einzelunterricht
			17.00–19.00 Musiktheorie	17.00–19.00 Musicalgesch.
	18.00–19.00 Chor			
19.00–22.00 Labor	19.00–22.00 Schauspiel	19.00–21.00 Theatergeschichte	19.00–22.00 Schauspiel	19.00–22.00 Labor

Einzelunterricht = (Gesang, Sprecherziehung, Klavier, Labor & Coaching)

* = Gesang auf Englisch

(I) = Anfänger, (II) = Mittelkurs, (III) = Fortgeschrittene

Zweites Jahr				
MONTAG	DIENSTAG	MITTWOCH	DONNERSTAG	FREITAG
9.30–10.30 Ballett (II)	9.30–10.30 Ballett (II)	10.00–11.30 Modern (I) u. (II)	10.00–11.00 Ballett (II)	10.00–11.00 Ballett (II)
10.30–11.30 Jazz (II)	10.30–11.30 Jazz (II)	11.30–13.00 Engl. * (Gr. A + B)	11.00–12.30 Show (II)	11.00–12.00 Step (I)
	11.30–12.30 Step (II)	13.00–12.45 Modern Dance		
		13.00–15.00 Choreographie		
13.00–18.00 Einzelunterricht	13.00–15.00 Choreographie	15.00–17.00 Sprecherz. (Gr.)	13.00–19.00 Einzelunterricht	13.00–15.00 Musicalgesch.
	15.00–18.00 Einzelunterricht	17.00–19.00 Musikth. (Gr.I; II)		15.00–18.00 Einzelunterricht
19.00–22.00 Schauspiel oder Collage-Probe	19.00–22.00 Collage-Probe	19.00–22.00 Schauspiel oder Collage-Probe	19.00–22.00 Labor	19.00–22.00 Collage-Probe

Einzelunterricht = (Gesang, Sprecherziehung, Klavier, Labor & Coaching)

*= Gesang auf Englisch

(I) = Anfänger, (II) = Mittelkurs, (III) = Fortgeschrittene

Im 2. und 3. Jahr werden die jeweils ersten beiden Einheiten parallel unterrichtet.

Drittes Jahr				
MONTAG	DIENSTAG	MITTWOCH	DONNERSTAG	FREITAG
9.30–11.00 Show (III)	9.30–11.00 Ballett (III)	10.00–11.00 Jazz (III)	10.00.11.00 Jazz (III)	9.30–11.00 Ballett (III)
11.30–12.30 Step (III)	11.00–14.00 Einzelunterricht	11.30–13.00 Modern (III)	11.00–12.00 Ballett (III)	11.00–12.00 Step (III)
		13.00–18.00 Einzelunterricht		
13.00–18.00 Einzelunterricht	14.00–15.30 Sprecherziehung		13.30–15.30 Musicalgesch.	13.00–18.00 Einzelunterricht
			16.00–18.00 Einzelunterricht	
	16.00–22.00 Projekt	17.00–19.15 Musiktheor. (I, III)		
			18.00–19.00 Entspannung	
19.00–22.00 Projekt		19.00–22.00 Projekt	19.00–22.00 Song Class Gruppe	19.00–22.00 Projekt

Einzelunterricht = (Gesang, Sprecherziehung, Klavier, Song Class, Gesang auf Englisch,

Coaching, Schauspiel, Auditioning)

Fechten Intensiv-Workshop: 2 Wochen abends oder nach dem Tanzunterricht

(I) = Anfänger, (II) = Mittelkurs, (III) = Fortgeschrittene

Im 2. und 3. Jahr werden die jeweils ersten beiden Einheiten parallel unterrichtet.

Viertes Jahr				
MONTAG	DIENSTAG	MITTWOCH	DONNERSTAG	FREITAG
9.30–11.00 Show (III)	9.30–11.00 Ballett (III)	910.00–11.00 Jazz (III)	10.00–11.00 Jazz (III)	9.30–11.00 Ballett (III)
11.30–12.30 Step (III)	11.00–12.30 Choreographie	11.30–13.00 Modern (III)	11.00–12.00 Ballett (III)	11.00–12.00 Step (III)
12.30–15.00 Projekt-Probe	12.30–15.00 Projekt-Probe	14.00–19.00 Einzelunterricht	12.00–13.30 Choreographie	12.00–13.00 Choreographie
15.00–19.00 Einzelunterricht	15.00–20.00 Einzelunterricht		14.30–16.00 Sprecherziehung	14.00–22.00 Projekt-Probe
19.00–21.00 Referate über Musicals	20.00–22.00 Projekt-Probe	19.00–22.00 Projekt-Probe	16.00–22.00 Einzelunterricht und Probe	

Einzelunterricht = (Gesang, Sprecherziehung, Schauspiel, Auditioning)

Termine für musikalische Einstudierung

(I) = Anfänger, (II) = Mittelkurs, (III) = Fortgeschrittene

18

mehrtägigen Intensivkursen in Gesang außerhalb Berlins. Während des Studienjahres gehen die Studenten regelmäßig ins Theater, und im zweiten Jahr unternehmen sie mindestens eine Theater-Studienreise in eine andere Stadt oder ein anderes Land. Außerdem laden wir renommierte Fachleute zu uns ein, um Meisterkurse abzuhalten. Auf den beiden vorangegangenen Seiten haben wir einen typischen Stundenplan für jedes der vier Jahre wiedergegeben.

Ein flüchtiger Blick auf die Stundenpläne veranschaulicht die Härte dieser Ausbildung. Die Tage sind lang, sie dauern bis zu zwölf Stunden. Wir versuchen, den Tanzunterricht auf den Vormittag zu legen und lassen dann, wann immer möglich, Gruppenunterricht in Schauspiel, Sprecherziehung, Basics oder Musiktheorie folgen. Da Studenten mit extrem unterschiedlichem Ausbildungsstand in den verschiedenen Disziplinen bei uns anfangen (einige sind in erster Linie Tänzer, andere Sänger, wieder andere Schauspieler), versuchen wir, zwei Dingen gleichzeitig gerecht zu werden: Wir bieten dem jeweiligen Können angemessenen Unterricht an (also Kurse für Anfänger, Mittelstufe und Fortgeschrittene), und wir wollen einen Ensemble- oder Klassengeist bei jeder neu beginnenden Gruppe schaffen.
Einzelunterricht in Gesang, Basics, Sprecherziehung, Labor und Klavier wird am Nachmittag angesetzt, und die Abende sind im ersten Jahr reserviert für Gruppenunterricht in Musical-Labor, Theatergeschichte, Singing in English, Chor und Schauspiel. Im ersten Jahr gibt es keine öffentlichen Auftritte, und die Studenten dürfen während des Studienjahrs auch keine Engagements außerhalb annehmen. Dies ist wichtig, weil viele der zu uns kommenden Studenten in unseren Augen eine schwache Vorbildung besitzen. Um ihnen unser „System" oder „Konzept" zu vermitteln, brauchen wir ihre ungeteilte Aufmerksamkeit. Auftritte, bei denen sie in ihre gewohnten Darstellungsweisen zurückfallen, würden das, was wir schlechte Angewohnheiten nennen, nur verstärken.
In der gesamten Ausbildung legen wir großen Wert darauf, den Blick und das Gehör des Darstellers zu schärfen und seine Phantasie zu beflügeln, so daß er auch in der Streßsituation „Audition", Tanzkombinationen sofort aufnehmen, eine einzelne Stimme in einem mehrstimmigen Satz singen und Prima-Vista-Lesen („Cold Reading") kann.

„Im Aufbau": Adrienne Manov, Karen Probst, Stephanie Martens, Antje Rietz, Torsten Stoll, Anna-Marie Tappe, Ruth Hornemann   Foto:© Margarete Redl-von Peinen

Kapitel II
Der Lehrplan

„Cool & Co.": Andreas Gergen, Anna-Tanya Horn, Tilmann von Blomberg,
Heike Schmitz, Yvonne Bitter, Torsten Schmidt, Marie-Laura Müller-Leyh

Foto: © Archie Kent

Musik

Stimme

Jede Studentin erhält im ersten Jahr zwei sechzig- oder drei vierzigminütige
Einzelstunden Gesang pro Woche, später reduziert sich das etwas. In diesen
Stunden wird eine „klassisch" fundierte Gesangstechnik vermittelt, deren
Hauptziele es sind, den natürlichen Sitz der Stimme zu entwickeln, den Bruch
zwischen Brust- und Kopfstimme auszugleichen (Registerausgleich), ein soli-
des Einsingprogramm zu erarbeiten, die bewußte Kontrolle über den Atem,
die Stütze und die Intonation zu schulen und die Vokale und Konsonanten

korrekt zu bilden (in unserem Fall bezieht sich dieses Ziel sowohl auf die deutsche als auch die englische Sprache). Obwohl einiges aus der herkömmlichen Literatur stammt (Schubertlieder, Kavatine des 16. Jhs. usw.), wird auch die Musicalliteratur herangezogen. Phrasierung, Dynamik und Rhythmus werden auf traditionelle Weise unterrichtet, mit dem Ziel, eine gesunde, kontrollierte, selbstbewußte Stimme heranzubilden. Ohne dabei die Stimme zu ruinieren und somit die Karriere frühzeitig zu beenden, muß die Studentin in der Lage sein, den extremen Anforderungen des „Beltings", „Growlings" und „Shoutings" zu genügen, wie es in vielen zeitgenössischen Musicals und Shows verlangt wird (und das achtmal die Woche!).

Obwohl wir uns bewußt sind, daß ein Großteil der Arbeit unserer Studentinnen durch verschiedenartigste Mikrofone (Mikroports, Standmikros, Galgen) verstärkt werden wird, bilden wir die Stimme unabhängig davon aus, weil wir glauben, daß ein gut ausgebildetes Instrument sich immer verschiedenen Situationen anpassen kann. Gleichwohl finden Workshops über den Umgang mit Mikrofonen statt, und die Abschlußproduktion im vierten Jahr ist mit einer kompletten Tonanlage ausgestattet, d. h.: Mikroports, Handmikros, Monitore, gehangene Mikrofone, Richt- und Grenzflächenmikrofone und ein Mischpult im Theater.

Basics

Basics wird im ersten Jahr angeboten, damit die Studentinnen lernen, wie man sich entspannt, atmet, die Gesangsstimme stützt und den Stimmsitz erforscht. Außerdem konzentriert sich der Unterricht auf die Haltung und den Einsatz des Körpers, da diese die Stimmerzeugung beeinflussen. Es handelt sich hierbei um eine Ergänzung zu den Gesangsstunden und ist reine Vorbereitung. Musikalische Probleme werden nicht behandelt. Eine der angewandten Techniken ist die Alexander-Technik. Die Studentinnen treffen sich einmal wöchentlich für eine Stunde in kleinen Gruppen und erhalten dann zusätzlich noch eine Einzelstunde.

Theorie

Der im Stundenplan als Musiktheorie gekennzeichnete Unterricht beschäftigt sich mit Rhythmik, Gehörbildung, Vom-Blatt-Singen und Chorsingen. Es ist wichtig, genau zu definieren, wie sich das Endergebnis dieser Ausbildung von der ähnlichen einer Instrumentalistin, Komponistin, Dirigentin oder Opernsängerin unterscheiden soll.

Die wesentlichen Punkte, wie rhythmisch korrektes Vom-Blatt-Singen, sau-
bere Intonation, die Fähigkeit, die Stimme in einem mehrstimmigen Satz zu
halten, sowie Grundlagen und Anwendung diatonischer Harmonielehre, sind
identisch mit den eher traditionellen Bereichen (wir benutzen das bewegliche
„do" in unserem Solfège bei der Gehörbildung und dem Vom-Blatt-Singen).
Was bei uns natürlich häufiger vorkommt ist, daß Studentinnen bei absolut
Null anfangen müssen. Sie mögen intuitiv wunderbare Sängerinnen sein (in
den populären Stilrichtungen, die sie ihr ganzes Leben gehört haben) mit
großem tänzerischem Talent und fesselnden Persönlichkeiten, und besitzen
doch nicht einen Funken theoretischen Wissens. Sehr oft können sie nicht einmal Noten lesen. Es wäre unsinnig, sie deshalb nicht zu unserem Studiengang
zuzulassen. Sowohl Martha Graham als auch Ezio Pinza, Irving Berlin und
Errol Garner waren bezüglich der Notenschrift Analphabeten, und wo wären
wir heute ohne sie? Von allen außerhalb dieses erlauchten Kreises wird allerdings erwartet, daß sie Noten lesen können. Bei der Zulassungsprüfung müssen die Bewerberinnen einen Musikalitätstest bestehen, wobei ihr Talent und
ihre Ausbildungsmöglichkeit, nicht ihr Können geprüft werden. Also muß
das gesamte ABC über Noten lesen, notierte Musik hören und singen können, sowie das Singen mit anderen im ersten Jahr angesprochen und vermittelt werden. Gelegentlich trifft man natürlich auch auf eine gründlich ausge-
bildete Musikerin bei den Neuankömmlingen, die sogar das Niveau der Fort-
geschrittenen übertrifft. In einem solchen Fall versuchen wir, sie als
Lehrassistentin innerhalb ihrer Klasse einzusetzen, um das Gruppengefühl
nicht zu stören.
Das Ziel des Studiums der Harmonielehre ist es, das Verständnis für die Melodie zu vertiefen und den Studentinnen das eigenständige, unbeaufsichtigte
Lernen und Vorbereiten von Liedern sowie Klavier- und Gesangspartituren
zu ermöglichen. Die Harmonielehre erstreckt sich bei uns bis zu erweiterten
Doppeldominanten, Modulation und einfachen modalen Fortschreitungen.
Die Gattungen Kontrapunkt, Reihentechnik, Formen des 18. Jhs. und Or-
chestrierung werden *nicht* unterrichtet. Mit anderen Worten, wir versuchen
nur das zu unterrichten, worin wir eine praktische Anwendungsmöglichkeit
in diesem Beruf sehen, und folgen daher keinem existierenden Lehrplan
(gleichgültig wie verführerisch und verlockend er scheinen mag).
Das Ziel dieses Kurses ist zum einen, musikalisch bewanderte Darstellerinnen
hervorzubringen, die sich verständig mit Komponistinnen und Dirigentinnen
unterhalten und selbst vorbereiten können, und zum anderen, die Freude der
Studentinnen an der Kunst zu steigern.

Coaching

Coaching ist das Einstudieren musikalischen Materials unter Anleitung. Das heißt, es müssen nicht nur Noten, Rhythmus und Texte gelernt, sondern es können und sollen auch Stil, Interpretation und Vortragsweise unterrichtet werden. Dies kann manchmal die Unterscheidung zwischen der Funktion des Coachs und der Gesangslehrerin erschweren. Der Unterschied zwischen einem Coach und einer Begleiterin ist dagegen ziemlich eindeutig. Die Begleiterin spielt die Noten und unterstützt den Vortrag, den die Gesangslehrerin mit vorbereitet hat. „In der besten aller möglichen Welten" herrscht völlige Übereinstimmung zwischen Gesangslehrerin, Coach, musikalischer Leiterin und Begleiterin.

Jede Studentin erhält in den ersten zwei Jahren mindestens eine Einzelstunde Coaching pro Woche, um ihr verfügbares Repertoire zu erweitern. Zusätzlich wird sie in der Vorbereitungzeit jeder Produktion von einem Coach betreut.

Kassetten haben sich als wichtiges Lehrmittel erwiesen, und die Studentinnen lernen schnell einen tragbaren Kassettenrekorder schätzen – ein zwiespältiger Segen. Es ist ein guter Weg, sich ein bestimmtes Lied oder eine „Stimme" in einem Chor einzupauken, aber die Gefahr besteht, daß dabei eine Nummer einbetoniert und jeder frische Wind bei der Entstehung einer Show blockiert wird. Die auf Kassette aufgenommene Begleitung oder Darstellung muß immer als *Ausgangspunkt* angesehen werden und nicht als fertiges und zu bewahrendes Ereignis. So ist es auch hinderlich, wenn eine Studentin ein bestimmtes Lied von einer Plattenaufnahme lernt und dann meint, daß die „richtige" Wiedergabe dieser Nummer die Reproduktion dessen ist, was sie gehört hat. Abgesehen vom archivarischen Wert eines Audio-/Video-Mitschnitts können solche Aufnahmen vor allem für die Anfänger tödlich sein. Die meisten Darstellerinnen sind nicht in der Lage, von einem Proben-Video zu profitieren (erinnert ihr euch an den Schock, als ihr zum ersten Mal eure Stimme auf Band gehört habt?), nicht nur weil ihr egozentrisch getrübtes Wunschbild im Wege steht, sondern auch weil entgegen der allgemeinen Auffassung, die Kamera doch lügt. Sie verzerrt und verflacht die Dynamik, gibt einen falschen Eindruck vom Raum und konzentriert sich vielleicht auf Details zu Lasten des Gesamtbildes. Man darf ihr nicht erlauben, sich die Rolle der Regisseurin oder Choreographin anzumaßen. Auf Band aufgenommene *Vorstellungen* können von gewissem Wert sein, wenn sie zusammen mit einer Lehrerin angeschaut werden. Aber die unzähligen Dimensionen, die solchen Archivbändern fehlen, sind bekannt, und die blasse Aufzeichnung eines möglicherweise vielschichtigen Ereignisses ist fähig, selbst die begabteste Studentin in den tiefen Sumpf der Verzweiflung zu stürzen.

Klavier

Abhängig von der Vorbildung der Studentin setzen wir vier bis sechs Semester Klavierunterricht mit mindestens dreißig Minuten pro Woche an. Unser Ziel ist es, die Studentin so weit mit dem Instrument vertraut zu machen, daß sie sich an ein neues, ihr unbekanntes Lied heranwagt, herausfindet, wie es geht, und es sich selbst beibringt.

Wie du dir vorstellen kannst, variiert zu Beginn das Können unserer Studentinnen immens – die eine argwöhnt, daß etwas Fremdes, Gefährliches, Schwarzweißes unter ihren Fingern lauert, die andere ist eine perfekte Pianistin. Bei der Abschlußprüfung am Ende des dritten Jahres müssen die Studentinnen ein Solostück und ein Duett vorspielen und sich selbst oder jemand anderen beim Singen begleiten.

Musikgeschichte

Das Studium der Musikgeschichte hilft, die heutigen Praktiken zu erklären, wenn diese als logische Entwicklung aus der Vergangenheit gezeigt werden können, und ist deshalb auch für Musicaldarsteller von Vorteil. Außerdem stellt es die Fachbegriffe in einen Zusammenhang und wirkt dem Eindruck entgegen, daß sie willkürlich erfunden wurden, um der Priesterschaft als Geheimcode zu dienen. Wir verlangen die Beschäftigung mit Musikgeschichte, obwohl es unwahrscheinlich ist, daß Ethel Merman sehr viel über Monteverdi wußte.

„Ein ganzes Leben": Karen Probst, Torsten Stoll, Ruth Hornemann, Antje Rietz,
Kathleen Herzer, Stephanie Martens, Gerald Michel, Anna Tappe, Meylan Chao

Foto: © Archie Kent

Bewegung

Tanz im ersten Jahr

Weil Musicalchoreographen eine Vielfalt von Tanzformen einsetzen, müssen
unsere Studentinnen in vielen verschiedenen Techniken und Stilen ausgebil-
det werden. Bei Beendigung ihres Studiums haben sie Ballett und Modern
Dance, Jazz-, Show- und Steptanz, Gesellschaftstanz, Fechten und Akrobatik
studiert. Sie sind mit den korrigierend eingreifenden Techniken von F. Matthias Alexander und Moshe Feldenkrais konfrontiert worden, wissen, wie
man vortanzt, und haben mit drei bis vier verschiedenen Choreographen gearbeitet.

Ballett mit seinem Schwerpunkt auf Achse, Linie und Detail, seinen Anforderungen an physische Kraft, Ausdauer und Ausdehnung und seinem umfassenden und weltweit gebräuchlichen Bewegungsvokabular wird jedes Jahr unterrichtet und gilt als Basis der Ausbildung für unsere Musicaldarsteller. Die Belastungen und Verrenkungen von Jazz, einschließlich Hip Hop und dergleichen, werden bis aufs zweite Semester verschoben. Wir möchten, daß unsere Studentinnen erst wissen, wo die „Mitte" *ist*, bevor sie sie wieder verlassen. Wir möchten, daß sie wissen, wie man dreht und korrekt und mit Leichtigkeit springt, wie man sich scharf und mit Attacke und wie man sich lyrisch und auf dem Atem bewegt. Im ersten Jahr setzen wir täglich eine Ballettstunde an. Bis zum vierten und letzten Jahr verringert sich dies auf drei Klassen pro Woche. Diese Maßnahme ist kein Mangel an Respekt unsererseits für diese Trainingsform und ihre Effizienz. Aber unsere Erfahrung zeigt, daß wir realistischerweise von den Studentinnen angesichts ihrer Zeit und Energie nicht mehr verlangen können.

Modern Dance wird ebenfalls von Anfang an unterrichtet. Durch seine Verbindung zum Boden lernen die Studentinnen, der Schwerkraft nachzugeben, statt sie zu verleugnen. Ein Schwerpunkt ist die Arbeit am Torso. So, wie Modern Dance bei uns gelehrt wird, läßt er größere Freiheiten und ermutigt dazu, sich selbst auszudrücken. Wir haben entdeckt, daß er unseren Studentinnen hilft, physisch und rhythmisch locker zu bleiben und die Offenheit ihrer Einstellung zu Tanz und Körperarbeit im allgemeinen fördert.

Im zweiten Semester kommt Jazztanz dazu. Wie auch im Modern Dance gibt es eine große Vielfalt an Stilen innerhalb dieser Tanzform. Manchmal wird ein Stil von einer Person entwickelt und nach ihr/ihm benannt (z. B. Grahamoder Limon-Technik bei Modern Dance, Horton oder Mattox beim Jazztanz), oder er entsteht aus einer Kombination von Tanzformen (Modern Jazz, Afro Jazz oder Hip Hop, in den Bewegungen aus dem Aerobic einfließen). All diesen Jazzstilen gemeinsam ist, daß sie von der Musik, dem Beat, angetrieben werden. Jazztanz bringt unsere Studentinnen in Kontakt mit ihrer Sinnlichkeit und Sexualität. Grund genug, ihn zu unterrichten, denn genau besehen sind ja die meisten Musicals Liebesgeschichten. Es gibt aber auch den offensichtlichen, praktischen Grund: Wir vermitteln ihnen Techniken und Vokabular, die im Beruf gebraucht werden.

Zweiwöchige Workshops in Gesellschaftstanz, Alexander-Technik und Akrobatik vervollständigen die Ausbildung im ersten Jahr. In Gesellschaftstanz werden einfache Versionen von Standard- und Volkstänzen vorgestellt, und die Lehrerin choreographiert Solos, Duette und Gruppen- oder Ensemblenummern. Bei den ersten Treffen mögen die Kombinationen noch leicht sein, später jedoch, je mehr Techniken dem Lehrplan im Laufe der Ausbildung hinzugefügt werden, sind sie komplexer und anspruchsvoller. Oft benutzt man in Musicals landes- oder zeittypische Tänze, um den Ort des Geschehens und die Epoche, in der das Stück spielt (in Siam oder während der goldenen Zwanziger), zu etablieren. Die Alexander-Technik hilft, alte Angewohnheiten zu korrigieren. Sie ist extrem wichtig im ersten Jahr, weil sie lehrt, wie man dem Körper erlaubt, sich zu ändern. Die Studenten erweitern ihre Kenntnis darüber, wie ihr eigener Körper arbeitet, machen sich die Feinheiten in ihm bewußter und entwickeln ihre Konzentrationsfähigkeit. Sowohl Alexander- als auch Feldenkrais-Übungen werden im Labor und in Basics benutzt oder den Bedürfnissen entsprechend angepaßt, um den Studenten beim Entspannen und Korrigieren chronischer oder akuter physischer Probleme zu helfen. Die Feldenkrais-Methode an sich ist allerdings nicht Teil unseres Lehrplans. In Akrobatik lernen die Studentinnen die „Tricks", die den Ausschlag dafür geben können, ob man den Job oder die Tür gewiesen bekommt. Man muß sie unterstützen, angstfrei zu sein, obwohl sie beängstigende Risiken auf sich nehmen, und absolut wachsam, agil und exakt zu arbeiten. Außerdem lernen die Studentinnen, daß es fatale Folgen haben kann, wenn man das Ensemble vergißt.

Tanz nach dem ersten Jahr

Die Studentinnen sind zu Beginn des Studiums unterschiedlich weit fortgeschritten in den drei Hauptdisziplinen (Schauspiel, Gesang, Tanz) und den Nebenfächern, aber da wir uns der Ausbildung von „triple threats" (Dreifachbedrohungen) verschrieben haben, ermutigen wir sie nicht, sich zu spezialisieren. Daraus erwächst das ernstzunehmende Probleme, das technische Können jeder einzelnen Studentin zu respektieren und zu verbessern, und dennoch das Ensemblegefühl innerhalb der einzelnen Jahrgänge zu pflegen. Hier ist unsere Lösung: Wir verlangen, daß alle Studentinnen des ersten Jahrgangs am Tanzunterricht gemeinsam teilnehmen. Nach dem ersten Jahr ist der Plan für die Tanzstunden sowohl nach Schwierigkeitsgraden als auch nach Jahrgängen getrennt, d. h. Anfänger oder zweites Jahr, Mittelstufe oder drittes Jahr, Fortgeschrittene oder viertes Jahr. Die Einstufung wird von der Lehrerin in der jeweiligen Technik vorgenommen. Darauf basierend plant jede Studentin ihren individuellen Stundenplan mit Hilfe einer Tanzlehrerin/Betreuerin. Eine Studentin des zweiten Jahres kann Anfängerin in Ballett, Fortgeschrittene in Jazz- und Showtanz und Mittelstufe in Steptanz sein, was das Erstellen eines Stundenplans genauso schwer macht, wie es sich anhört. Die Showstunden werden im Klassenverband unterrichtet, damit die Studentinnen das Gefühl für das Ensemble nicht verlieren. Außerdem können diese Stunden dann leichter für Tanzproben verwendet werden, wenn Klassenprojekte und Produktionen vorbereitet werden müssen.

Da der Stundenplan der Studentinnen so voll ist und Tanz so viel Einsatz erfordert, versuchen wir, pro Tag nicht mehr als zwei Tanz- oder Bewegungskurse von insgesamt zweieinhalb Stunden Dauer anzusetzen.

Das Ziel des Studiengangs ist es, aus unseren Studentinnen Profis zu machen. Im Tanz bedeutet das, sie im Rahmen ihrer Möglichkeiten technisch gut auszubilden und sie zur schnellen Aufnahme jeder Kombination zu befähigen. Sie müssen einzelne Schritte erkennen und ausführen können und in der Lage sein, das Gesamtbild zu spiegeln und sich zu merken, während sie gleichzeitig phrasieren, den Tanz zu ihrem eigenen machen und Spaß an der Bewegung ausstrahlen (auch wenn sie erschöpft sind).

Show

Show ist speziell darauf ausgerichtet, die für Musicals typischen Darstellungsmittel gleichzeitiges Singen und Tanzen, Tanzen mit Requisiten wie Zylindern und Stöcken oder Stühlen, Tanzen und Gehen auf hohen Absatzschuhen (für Männer und Frauen), Partnerarbeit usw. beizubringen. Und außerdem wird die Kunst des „Verkaufens", dieser besonderen Musicalpraktik, nicht als mystisches „Etwas", sondern als ganz reales Handwerk gezeigt, das mit Energielevel, Fokus, Raumeinteilung, Phrasierung und Technik zu tun hat.

Steptanz

Step ist ein Stil, der vom Spiel mit Timing abhängt. Steptänzerinnen benutzen ihre Füße, um percussionartig Rhythmen zu erzeugen, indem sie mit Ledersohlen oder Metallplatten gegen den Boden schlagen. Der Fuß und das Fußgelenk müssen sehr flexibel sein, um diese Rhythmen sauber zu artikulieren, und oft ist es wegen der schnellen Gewichtsverlagerung schwierig, die Balance zu halten. Steptanz hat seine frühere Popularität als vielgeliebte und oft eingesetzte Technik wiedergewonnen. Sowohl Step- als auch Jazztanz erlauben es Choreographinnen, Tänze oder tänzerische Momente zu schaffen, die rhythmisch und physisch so anspruchsvoll und leidenschaftlich sind, daß sie das Publikum „zum Toben" bringen.

Fechten

Fechten wird im dritten Jahr unterrichtet. Die Ausrüstung (Degen und Fechthandschuhe) ist Eigentum der Hochschule und wird von der Lehrerin bereitgestellt. Die Studentinnen lernen die Grundlagen eines Duells, die richtige Etikette und Form, ein paar elementare Abfolgen von Stichen, Schlägen, Paraden und die Beinarbeit, so daß sie zumindest das kleine ABC des Fechtens kennen. Fechten erfordert eine fast konstante Benutzung des *Pliés* oder gebeugten Knies, so daß das Gewicht der Fechterin zentriert und sie selbst geerdet, das heißt mit dem Boden verbunden ist. Sie führt eine Waffe, muß also sehr konzentriert sein, um den wundervollen Klang von sich kreuzenden Degen zu erzeugen und zu vermeiden, sich selbst oder jemand anderen (inklusive das Publikum) zu enthaupten oder zu entmannen. Die Studentinnen lernen, wie man wütend spielt und dabei auf Nummer sicher geht. So geschehen in ICH WILL MICH REICH BEWEIBEN, HIER IN PADUA aus „Kiss me, Kate", das von zwei unserer männlichen Studenten im Musical-Rollenstudium gezeigt wurde. Das Lied war als mißglücktes Duell inszeniert, die beiden machten offensichtliche und gut getimte Fehler mit ihren Floretten, und das wütende Duell wurde zur komischen Nummer.

Akrobatik und Bühnenkampf

In den ersten beiden Jahren werden Workshops für Akrobatik angeboten. Akrobatik wird oft in Tanznummern (man denke an „GLÜCK SEI' NE LADY" aus „Guys and Dolls") oder auch in nicht musikalischen Momenten wie Kampfszenen, inszenierten Unfällen oder surrealistischen Momenten (Traumsequenzen) benutzt. Anders als die „Tricks" in Tanznummern (bei denen wir ehrfürchtig zuschauen wie die Tänzerin unglaubliche, fast unvorstellbare Kunststücke vorführt) kann Akrobatik die zuvor erwähnten Momente so realistisch wie möglich aussehen lassen. Sie sind komplett durchchoreographiert, auf die Zehntelsekunde genau ausgetimt, damit sie spontan erscheinen, so, als ob sie zum ersten Mal passieren würden. Dies wurde brillant in „Der nackte Wahnsinn" eingesetzt, einer Farce über das, was auf der Bühne geschieht und was hinter der Bühne vorgehen muß, damit alles reibungslos abläuft. Was passiert, wenn Dinge hinter der Bühne durcheinandergeraten? Das Timing und die akrobatischen Stunts sind es, die das Stück funktionieren lassen. Wir haben Akrobatik in der Choreographie von AMERIKA aus „West Side Story" benutzt und außerdem bei einem surrealistischen Moment in „Elvira Madigan", einem schwedischen Musical, bei dem Elvira von einem von den Armen ihrer Klassenkameraden geschaffenen Seil herab, sicher eingebettet in dieselben Arme, zu Boden fällt.

„Cool & Co.": Detlef Leistenschneider, Torsten Schmidt   Foto: © Archie Kent

Schauspiel

Technik

Wir beginnen mit den Grundlagen – Entspannung, Theaterspiele und Improvisationen – und vermeiden festgeschriebenen Text, so daß die Worte nicht in die Quere kommen. Wir lehren die „Methode", und die Übungen und Aufgaben sind so aufgebaut, daß sie den Studentinnen helfen, von innen nach außen zu arbeiten. Wir sagen ihnen: „Zeige es nicht, sei es!"
Entspannungsübungen werden unterrichtet, um von äußeren Irritationen abzulenken und die Konzentration nach innen auf den Körper zu richten (siehe Kapitel III, S. 53), diesen ungemein sensiblen Reaktionsapparat und Fundus, das Instrument der Schauspielerin. Wenn sich Muskeln entspannen, können verborgene Saiten angeschlagen werden und Tränen und Ideen fließen. Die Übungen müssen auch so geplant werden, daß sie belebend wirken und die

32

Studentinnen nicht bis zur völligen Energielosigkeit ruhig stellen. Die Entspannungsübungen und einige Theaterspiele sind dieselben wie im Labor. Dies unterstreicht unseren Versuch, die Ausbildung zu vereinheitlichen und folgerichtig aufzubauen.

Entspannungsübungen bringen die Studentinnen in Verbindung mit ihrem Instrument, dem Körper, und die anschließenden Theaterspiele beschäftigen sich mit dem Handwerkszeug der Schauspielerin. Zuerst sehr einfach und mit wenigen oder ganz ohne Worte beginnen sich die Studentinnen mit Stanislawskis „Wer bin ich?", „Wo bin ich?" und „Was tue ich?" auseinanderzusetzen. Wir ergänzen dann ein „Was will ich?". Im Laufe des Semesters kommen Spiele hinzu, die sich mit „Sense memory" (sensorisches Gedächtnis/Erinnerung) und Beziehungen befassen. Ein Spiel, das die Reaktionen der Schauspielerin aufspaltet und entweder auf das Verbale oder das Physische beschränkt (sie kann sprechen *oder* sich bewegen), hilft den Studentinnen, denken und Entscheidungen treffen zu lernen und sich über ihre Gefühle klar zu sein, indem sie die Handlung schrittweise verlangsamen. Außerdem fördert es die Erkenntnis, daß agieren im Schauspiel tatsächlich reagieren bedeutet. In den Schauspielimprovisationen, dem nächsten Teil der Arbeit, lernen die Studentinnen mit solcher Überzeugung in die „Als ob"-Situationen einzusteigen, daß wir bereit sind, unsere Zweifel für eine Weile zu vergessen. Wir beschäftigen uns von Anfang an mit dem Gedanken des „Secret play" oder Subtextes, den wir in „Inside/Outside" (s. S. 106), einer Übung von „The Open Theater", genauer vorstellen. Diese Übung hilft der Schauspielerin, den Unterschied zwischen ihrem privaten und ihrem öffentlichen Gesicht zu erleben, und dadurch einer Rolle Tiefe und jeder Theatersituation Komplexität zu verleihen, sie real zu machen. Die Studentinnen erhalten für eine Improvisation bestimmte Informationen. Man kann ihnen ein „Wer" oder eine Rolle, ein „Wo" oder einen Ort und ein „Was tue ich" bzw. eine Aktivität zuordnen. Das „Was will ich" oder die Handlung dagegen ist es, die sie spielen. Bei allen Improvisationen werden den Studentinnen große Freiheiten gelassen. Die Verantwortung kann fürchterlich sein. Wenn aber Spontaneität, Energie, Phantasie, Witz und Intelligenz das Spiel zum laufen bringen, ist es auch sehr erfrischend.

Die Studentinnen enthüllen bei Improvisationen viele persönliche und private Dinge von sich selbst und denen, die ihnen am nächsten sind. Sie erfahren viel über sich und die anderen in der Klasse. Wenn es uns angebracht scheint, geben wir diese Informationen an andere Lehrerinnen des Studiengangs weiter. Sie werden nie anderen Jahrgängen oder Menschen außerhalb des Studiengangs mitgeteilt. Den Studentinnen wird versprochen, daß ihre Privatsphäre respektiert wird, und sie erwarten von ihren Lehrerinnen und ihren Mitstudentinnen, daß diese das Versprechen auch halten (in diesem

Buch haben wir deswegen Beschreibungen von Erfahrungen einzelner Studentinnen geändert).

Die Arbeit an Szenen beginnt im zweiten Semester. Die meisten Treffen laufen ab wie Proben, sie beginnen mit einer kurzen Entspannungsübung und können zusätzlich ein Spiel oder eine Improvisation enthalten.

Im ersten Jahr erfahren wir, welche Art von Rollen die jeweilige Studentin mit Leichtigkeit spielt und mit wem sie gerne zusammenarbeitet. Wir versuchen, das Einzigartige in jeder Studentin und das, was ihrer Natur beim Spiel am nächsten kommt, zu erweitern und zu stärken. Die Klasse trifft sich dreimal wöchentlich in den Schauspielstunden. Hier und im Labor wird das Ensemble geboren.

In den folgenden Jahren befassen sich die Studentinnen weiter mit dem Szenenstudium und treffen sich einzeln oder in kleinen Gruppen zwei- oder dreimal in der Woche. Während der drei Jahre arbeiten sie mit verschiedenen Lehrerinnen und zeigen das Ergebnis bei zwanglosen Vorstellungen am Ende jedes dieser Studienabschnitte. Wir versuchen, ihnen die Möglichkeit zu geben, sowohl männliche als auch weibliche Lehrer zu haben, die aktiv am Theaterleben teilnehmen und deren Stil variiert und sich vom unsrigen unterscheidet. In diesen drei Jahren des Szenen- und Rollenstudiums arbeiten die Studentinnen auch am Repertoire aus Musicals, das den Einsatz aller drei Disziplinen (Schauspiel, Gesang, Tanz) erfordert. Wiederum haben sie die Möglichkeit, mit verschiedenen Regisseurinnen zu arbeiten, und können die Resultate bei einer Aufführung zeigen.

Szenenstudium

Beim Szenenstudium, das ab dem zweiten Semester auf dem Lehrplan steht, arbeiten die Studentinnen an Monologen und Dialogen. Monologe werden für jede Studentin, ihrem Typ und ihrer Lebenssituation entsprechend, ausgewählt. Die Studentinnen können aufgefordert werden, verschiedene Monologe mitzubringen und vorzulesen, bis der richtige gefunden wird. Die Monologe entstammen traditionellen, klassischen und zeitgenössischen Stücken der unterschiedlichsten Dramatiker.

Nachdem jede Studentin an ihrem Monolog gearbeitet hat, wird die Klasse in kleine Gruppen aufgeteilt. Dann wird aus drei oder vier Monologen eine Szene gebaut, das heißt, die verschiedenen Rollencharaktere aus unterschiedlichen Stücken werden so zusammengeführt, daß ein neues Theaterereignis entsteht. Für die Dialogarbeit proben viele Paare dieselbe Szene und werden angewiesen, ihre eigenen, besonderen Charakterisierungen, ihre Beziehungen und Geheimnisse in den existierenden Text einzubringen. So kann zum

Beispiel ein Paar eine Szene als Gleichgestellte in einer Liebesbeziehung beginnen. Auf ein Stichwort hin setzt das nächste Paar die Szene im Stile eines Konversationsstückes fort, bei dem der Mann in sich versunken ist und sich seiner Partnerin gegenüber herablassend verhält. Sie nehmen den Dialog genau an der Stelle auf, an der das erste Paar abgebrochen hatte. Das dritte Paar, eine brutale, feindliche Beziehung, spielt dort weiter, wo das zweite Paar aufhört und beendet die Szene.

Indem sie so arbeiten, Texte zwar lernen, aber in neuer und unerwarteter Weise spielen, improvisieren die Studentinnen immer noch und bleiben den Myriaden an Möglichkeiten gegenüber offen, Worte zu *benutzen,* anstelle sich von ihnen *einengen* zu lassen.

Sprecherziehung

Manchmal gehen wir ein Risiko ein und nehmen Studentinnen trotz ihrer mangelhaften Aussprache auf. Wir werden dann von Lispeln, Dialekten, Akzenten, Nasalität und ähnlichem geplagt.

Themen der Sprecherziehung sind: Worte artikulieren, den Stimmsitz erarbeiten und der Stimme Resonanz geben, sie senden, so daß man leicht gehört und verstanden werden kann, und den Worten selbst Musik und Bedeutung geben, den Tonfall, das Auf und Ab der Sprechstimme und den Rhythmus und die Dynamik dessen, was gesagt wird, beachten.

Die Studentinnen treffen sich mit ihrer/n Sprecherzieherin/nen zu einer neunzigminütigen Gruppen- und einer fünfundvierzig- bis sechzigminütigen Einzelsitzung pro Woche über drei Jahre hinweg.

Für die Aussprache, bei der Mund (Lippen und Zunge), Nase, Wangen und Kehle zum Einsatz kommen, ist die Fähigkeit zu entspannen wichtig und hilfreich beim Aufgeben schlechter Angewohnheiten. Die Kenntnis und Kontrolle über diese Muskelgruppen erleichtert die Entwicklung neuer und besserer Wege zu ihrer Benutzung. Die Entspannungsübungen werden liegend oder in einem Stuhl sitzend ausgeführt.

Zu den Aufwärmübungen gehören solche zur Dehnung und Stärkung der Muskulatur des Sprech- und Atemapparats. Variationen aus Ein- und Ausatmen, das Gesicht rubbeln und die Zunge verdrehen wecken den Körper und die Maske auf und bereiten das Instrument vor.

Das Improvisieren mit Lauten oder das Sprechen in Nonsens-Sprache sind sowohl für die Einzelne als auch die Gruppe befreiend. Sie befreien den Geist und den Körper und erweitern erheblich die Möglichkeit, Laute zu erzeugen, die den Studentinnen sonst fremd sind (wie man sie aber in Akzenten und Dialekten antrifft).

Mit Hilfe von Schlaginstrumenten lernen die Studentinnen, den Sprachrhythmus zu hören und mit ihm zu spielen. Erinnerst du dich an das Glockenspiel von Prof. Higgins, als er mit Eliza arbeitete? Genau wie von Eliza könnte auch von unseren Studentinnen erwartet werden, daß sie plötzlich lossingen. Sie müssen also nicht nur ihre Dialoge sprechen, sondern auch die Liedtexte singen können. Sie müssen außerdem in der Lage sein, leicht und natürlich vom Sprechen zum Singen und wieder zurück zu wechseln. Und sie sollten weder wie Opernsängerinnen nur einen Stimmklang noch zwei völlig verschiedene Stimmen haben (eine zum Singen und eine zum Sprechen), denn letzteres würde sich wie ein Ausstieg aus der Rolle anhören.

Einige Stunden können physisch ziemlich anstrengend sein, wenn Studentinnen zum Beispiel Seilspringen, während sie lange Monologe rezitieren.

Ein Hauptgegenstand der Sprecherziehung ist Lyrik in jeglicher Form: dramatische, romantische, historische, witzige oder traurige, klassische oder moderne. Im dritten Jahr stellen die Studentinnen ein Programm vor, das von der/n Sprecherzieherin/nen aus den gearbeiteten Texten und Gedichten zusammengestellt wurde. Einige davon wurden vielleicht zu Musik arrangiert, werden gesungen oder sogar getanzt.

Sprecherziehung an sich wird im vierten Jahr nicht mehr unterrichtet, aber die Sprecherzieherin/nen sind während der Proben für die Abschlußproduktion als Betreuerin/nen anwesend und arbeiten an individuellen Problemen – oft die letzte Möglichkeit, „es richtig hinzukriegen".

Theatergeschichte

Eine Klage geht um im Lande: „Himmelherrgott! Die Studentinnen heutzutage kennen überhaupt keine historischen Zusammenhänge mehr. Sie können Barock nicht von Breakdance unterscheiden, Monteverdi nicht von Montavani und Heinrich IV. nicht von Freitag dem Dreizehnten!" Ach ja, das alte Lied. Es stimmt, daß es eklatante Lücken in ihrer Ausbildung gibt, genauso wie in der unsrigen damals. Deswegen sind wir zur Schule gegangen, und deswegen bieten wir diesen Kurs an. Einmal in der Woche zwei Stunden treffen sich die Studentinnen mit ihrer Lehrerin, um Stücke zu lesen und darüber zu diskutieren. In ihrer knappen Freizeit gehen sie mit der Klasse ins Theater. Kunst ist konstantem Wandel unterworfen, und eine Studentin kann ihren Platz im Kontinuum lokalisieren und sich selbst definieren, indem sie die Vergangenheit studiert. Es ist zwar sicherlich nicht notwendig, Shakespeare zu kennen, um „Gypsy" zu spielen, aber es hilft. Das Klischee von der dummen, hirnlosen Sängerin/Tänzerin/Schauspielerin (freie Auswahl!) hätte längst schon *ad acta* gelegt werden müssen.

Synthese

Auditioning

Dieser einmal wöchentlich stattfindende Kurs für fortgeschrittene Studentinnen konzentriert sich auf das spezifische Problem, in der ungeheuer streßgeladenen Atmosphäre einer Audition überzeugend und selbstbewußt aufzutreten. Die Anforderungen – wie passende Lieder, zumindest eines davon mit Choreographie, und das richtige Schauspielrepertoire auszuwählen – werden hier besprochen. Die „Auditioners", eine Gruppe von Lehrerinnen aus den drei Disziplinen, arbeiten einzeln mit den Studentinnen und helfen ihnen, ein zehnminütiges Auditionmaterial, bestehend aus Monologen, Liedern und Tänzen, die am besten die besonderen Talente und Stärken zeigen, zusammenzustellen. Diese Mini-Collage wird geprobt, bis daraus ein nahtlos ineinander übergehendes Stück entsteht und eine eindrucksvolle Darstellung erreicht ist. Natürlich ist uns bewußt, daß man selten die Möglichkeit bekommt, eine zehnminütige Audition zu präsentieren (meistens muß man froh sein, wenn man ein Lied ganz durchsingen darf), aber es ist eine exzellente Vorbereitung auf die qualvolle Erfahrung, die ihnen bevorsteht. Außerdem arbeiten die Studentinnen in der Gruppe am „Verkaufen" und dem schnellen Aufnehmen von Tanzkombinationen, und sie feilen am Vom-Blatt-Singen und Prima-Vista-Lesen.

„On The Town": Vivian Lüdorf, Katrin Schyns   Foto: © Archie Kent

Auftritte

Jährlich stattfindender Tanztag

Am Ende jedes Sommersemesters findet ein Tanztag statt, bei dem alle Klassen, Levels und Stilrichtungen (Klassisches Ballett, Modern Dance, Jazztanz, Gesellschaftstanz, Steptanz und Show) gezeigt werden. Es handelt sich hierbei um eine zwanglose Präsentation in einem unserer Tanzstudios. Die Tanzlehrerinnen bereiten jede für sich oder gemeinsam eine Unterrichtsstunde vor, bei der das technische Können der Studentinnen und ihre Fähigkeiten Choreographien (Tanzkombinationen) zu lernen und vorzuführen gezeigt wird. Dies ist eine physisch anstrengende Erfahrung und verlangt viel Ausdauer. Für die Studentinnen des dritten Jahrganges dient dieser jährliche Tanztag gleichzeitig als Prüfung innerhalb ihres Hauptstudiums. Für die Stu-

dentinnen des ersten Jahrganges ist er ihr erstes „Coming-out". Sie haben die
Möglichkeit, sich zu zeigen und die fortgeschritteneren Studentinnen des Stu-
dienganges zu beobachten und sich mit ihnen zu vergleichen.

Präsentation des ersten Jahrgangs

Am Ende des ersten Jahres wird von der Klasse erwartet, daß sie ein aus der
gesamten Arbeit der vergangenen zwei Semester entwickeltes Programm auf-
führt. Ort dieser Präsentation ist eines der Tanzstudios, und das Publikum besteht ausschließlich aus Studentinnen der anderen Jahrgänge und den Lehrkräften. Es ist die *einzige* Vorstellung im ersten Jahr. Die Zusammenstellung
und Probe dieses Programms wird völlig den Studentinnen überlassen. Sie
können uns in Detailfragen um Hilfe bitten, aber es ist wirklich ihre Produktion. Die Hauptschwierigkeiten, die wir mit diesen Shows hatten, lagen in der
Auswahl: die Tendenz besteht, alles zu zeigen, so daß sich Marathonveran-
staltungen ergeben. Wir raten entschieden vom Einsatz neuer Materialien ab
(das Wort „verbieten" schätzen wir nicht besonders), weil dies die verfügbare
Probenzeit aufbrauchen würde. Der Wunsch, alles zu zeigen, ist verständlich,
da dies für einige die letzte Chance ist, uns mit ihren Talenten zu beeindrucken
und ein negatives Urteil, das vielleicht im Laufe des Jahres entstanden ist, aus-
zubügeln. In jedem Fall hat sich dies als wundervoller Weg gezeigt, die Klasse zu vereinen und zu sehen, was von unserer Arbeit hängengeblieben ist.

Collage des zweiten Jahrgangs

Diese Aufführung findet in einem eher formellen Theaterrahmen am Ende
des ersten oder nach der Hälfte des zweiten Semesters im zweiten Jahrgang
statt. Das Publikum besteht diesmal aus Familie, Freundinnen, Mitstudentinnen usw. Es handelt sich dabei um eine locker zusammengestellte „Revue",
deren Einzelteile so lose miteinander in Verbindung stehen wie bei den
berühmten „New Faces" Revues der Fünfziger und Sechziger in New York: eine Eröffnungsnummer, Lieder (Solos und Gruppe), Tanznummern, Monologe und Szenen aus dem Schauspielunterricht, „running gags" und das ganze
übliche Drum und Dran einer solchen Show. Die Aufmachung beschränkt
sich auf das Minimum, die musikalische Begleitung, eine kleine Band (z. B.
Solopiano, Schlagzeug und Kontrabaß), und die Raumerfordernisse sind flexibel. Je nach Theaterraum werden die Gesangsstimmen mit Flächenmikro-
fonen verstärkt. Die Revue wird an zwei Abenden hintereinander aufgeführt
und wir versuchen, Ausschnitte aus dieser Show bei verschiedenen Galas und

Veranstaltungen im Verlauf des weiteren Studienjahrs zu präsentieren. Am Anfang des zweiten Jahres erstellt jede Studentin mit Hilfe ihres Coachs eine Liste des verfügbaren Liedrepertoires. Aus diesen Listen beginnt sich ein Programm herauszuschälen. Der einzigartige Charakter dieser Abende kommt durch ihre enorme stilistische Bandbreite zustande. Und sie beschränken sich nicht auf „leichte", witzige Inhalte: BESS, YOU IS MY WOMAN NOW aus „Porgy and Bess", choreographiert als abstrakte Tanznummer (inklusive der Gesangssolisten), folgt auf einen herzzerreißenden Monolog aus dem zeitgenössischen (oder klassischen) Theater und führt zu einem Brecht/Eisler Lied, bei dem die Studentinnen sich selbst auf Oboe, Flöte und Saxophon begleiten, wiederum gefolgt von einer Szene aus dem Film „Die Oberen Zehntausend". Diese Unvorhersehbarkeit verleiht der Vorstellung ein gewisses Ungestüm.

Konzipiert, geprobt und präsentiert werden diese Abende unter der Aufsicht und Regie einer Regisseurin und einer Choreographin aus dem Lehrkörper. Dies hat nachweislich bei *jeder* Klasse, sonst wäre es auch nicht erwähnenswert, zu einem sonderbaren Phänomen geführt. Wie oben bereits beschrieben, haben die Studentinnen ihren eigenen Abend am Ende des ersten Jahres organisiert. Für die, die überlebt haben, ist diese Zweite-Jahrgangs-Collage ihr erster öffentlicher Auftritt. Viele von ihnen haben vorgefaßte Meinungen, wie eine Gesangs-, Tanz- oder Schauspieldarbietung sein soll, damit sie die Zuschauer glatt umhaut, und sind nur damit beschäftigt, wieviel Zeit jede von ihnen auf der Bühne hat, wie viele Solonummern usw. Und weil die Gesamtorganisation dieser Revuen so eigenartig und „speziell" ist, wächst der Widerstand des Ensembles von einem bestimmten Zeitpunkt des Probenprozesses an beständig, bis es dann den ersten Applaus hört und sich unaufhörlich verbeugen muß. Dann beginnen die Studentinnen sich über die begrenzte Anzahl von Vorstellungen zu beklagen. Somit wurde eine sehr wichtige Lektion gelernt, nämlich daß die Heisenbergsche Unschärferelation (die Tatsache der Beobachtung beeinflußt das Ereignis maßgeblich) im Theater genauso lebendig und wohlauf ist wie im Physiklabor. Die Fähigkeit, seinen eigenen kurzsichtigen Blick dem größeren Einblick des Regisseurs unterzuordnen, ist für diesen Beruf ganz wesentlich, auch wenn dieser Akt der Hingabe manchmal mißbraucht wird.

Gesangsabend des zweiten Jahrgangs

Gegen Ende des zweiten Jahres wird jede Gesangslehrerin dazu ermutigt, einen Gesangsabend zu präsentieren, ein Sammelsurium aus „klassischen" Stücken und Pop- oder Theatersongs. Dies sind nur teilweise inszenierte Veranstaltungen, kabarettartig in der Präsentation, und sie stellen eine bedeu-

„Himmel": Gudrun Lercher, Carina Sandhaus, Franziska Forster, Marc Basiner,
Dennis Spree, Olivier Schierholz   Foto: © Archie Kent

tende Hürde für die Studentin dar, die sich in erster Linie auf ihre Stimme verlassen muß, um Material vorzustellen. Für jemanden, die sich selbst als Tänzerin sieht, kann das eine besonders quälende Erfahrung sein. Die Abende
werden in kleinem, intimem Rahmen gezeigt: ein Vortragssaal, eine Klein-
kunstbühne, ein Café. Es ist wichtig, daß eine Theateratmosphäre vermieden
wird. Wonach wir hier suchen, ist die direkte, intime Kommunikation der Sängerin mit dem Publikum *(audience:* etymologisch „Zuhörer").

Song Class des dritten Jahrgangs

Gegenstand dieser Klasse, die zu einer Vorstellung führen kann, aber nicht
muß, ist es, die Belange von *Gesang* und *Musik* zusammenzubringen. Obwohl
einige davon natürlich in den Gesangs- und Laborstunden der ersten zwei Jahre angesprochen werden, konzentriert sich die Song Class auf die Analyse und
das Verständnis des Liedes in jeder Beziehung: formaler Aufbau und Struktur,
harmonische Struktur, Rhythmen, Beziehung zwischen Text und Musik, Or-

chestrierung, historischer Zusammenhang, Dramaturgie, Rolle usw. – sowie die praktische Umsetzung dieser Erkenntnisse.

Dafür erhält jede Studentin mindestens eine Stunde Einzelunterricht pro Woche. Alle zwei Wochen kommt die gesamte Klasse mit dem Gesangsprofessor und dem jeweiligen Dozenten zusammen, und die Studentinnen singen füreinander und teilen ihre Entdeckungen den anderen mit. Innerhalb mehrerer Wochen wird jedes Lied dreimal vorgeführt. Beim ersten Mal liegt die Betonung auf theoretischen und historischen Belangen, beim zweiten Mal auf Fragen der Gesangstechnik und beim letzten Mal schließlich auf Anforderungen der Darstellung. Die Beiträge der Lehrer richten sich nach dem jeweiligen Hauptthema. Es war ein Schock für uns Lehrer, festzustellen, wie beunruhigend und bedrohlich diese kleinen, hinter verschlossenen Türen (in einem Studio, ohne Gäste) stattfindenden Treffen für die Studenten waren. Vor den eigenen Kollegen zu singen, ist offensichtlich bedrohlicher als die formelle Präsentation des Gesangsabends im zweiten Jahr! Die Song Class ist als Brücke zu den öffentlichen Auftritten des kommenden Jahres extrem wichtig. Auf jeden Fall versuchen wir die Häufigkeit der Auftritte nach dem ersten Jahr zu steigern, da es in Musicals einfach gefordert wird, sich der Öffentlichkeit zu stellen, und es dafür auch keinen Ersatz gibt. Oft befaßt sich die Song Class mit dem Material, das im Repertoireunterricht einstudiert und gelernt wird. In einem Jahr konzentrierten wir uns auf ein einziges Stück, „Follies". Wir wollten diese Show nicht produzieren, aber durch die in der Song Class geleisteten detaillierten Recherchen war es uns möglich, zu einem profunden Verständnis darüber zu gelangen, wie die Lieder in der Show „funktionierten".

Musical-Rollenstudium
(Arbeit an Szenen aus dem Musicalrepertoire)

In dieser Klasse hat die Studentin die Möglichkeit, mit einer Regisseurin eine Szene aus dem Musicalrepertoire zu erarbeiten. Dazu gehören Dialog, Lied und Choreographie oder das Stellen einer Nummer. Jetzt kann sie die Erfahrung, die sie im Schauspielunterricht gesammelt hat, benutzen, um dem Charakter der Rolle gemäß zu singen und zu tanzen, und das Lied und die Bewegung nutzen, um diesen Charakter noch zu entwickeln und zu vertiefen. Der Repertoireunterricht findet in beiden Semestern des dritten Jahres statt. Im ersten Semester konzentrieren wir uns auf Szenen aus dem sogenannten „klassischen" Musicalrepertoire, wie zum Beispiel Rodgers/Hart/Hammerstein, Cole Porter, die Gershwins, Jerome Kern und die deutsche Tradition von Brecht/Weill, Hollaender, Tucholsky usw. Im zweiten Semester beschäftigen wir uns mit den moderneren Musicals, mit Szenen aus Andrew Lloyd

Webbers Werken, Stücken von Sondheim und europäischen Musicals wie „Les Miserables" und „Miss Saigon". Wir versuchen ein größtmögliches Spektrum abzudecken, ohne daß unser persönlicher Geschmack vorherrscht. Es ist unsere Pflicht, die Studentinnen auf die Realität der Musicalbühne vorzubereiten, wo sie mit den verschiedensten Stilrichtungen umgehen müssen. Diese Repertoireklassen führen nicht unbedingt zu einem öffentlichen Auftritt. Sie sind in erster Linie Workshops; wenn es allerdings zu rechtfertigen ist, gelangen sie auch unter Zusatz von ein paar Kostümen und Bühnenbildelementen zur Aufführung.

In der Arbeit benutzen wir Requisiten und Kostüme, beschäftigen uns mit Problemen des Sendens (sowohl der Stimme als auch der Rolle), des Spielens mit der vierten Wand und durch dieselbe und dem Bestimmen des Tempos einer Szene. Letzteres wird besonders wichtig, wenn Tanz im Spiel ist. Jede Studentin sollte die Erfahrung machen können, eine Haupt- und eine Nebenrolle zu spielen. Wir laden international renommierte Regisseurinnen dazu ein, diese Klassen zu leiten, und setzen unsere Studentinnen damit unterschiedlichen Traditionen und Erwartungen aus. Manchmal waren diese Workshops so erfolgreich, daß darauf aufbauend vollständige Produktionen entstanden.

Die musikalische Begleitung dieser Workshop-Präsentationen wurde bisher auf ein Klavier beschränkt. Wir können uns aber gut vorstellen, daß auch ein kleines Trio oder Quartett gewinnbringend eingesetzt werden kann. Obwohl das Singen mit Liveorchester oder Band erst im vierten Jahr behandelt wird, kann man mit solchen Erfahrungen gar nicht früh genug beginnen. (Tatsächlich kann man doch zu früh damit beginnen: Als Allgemeines Pädagogisches Prinzip (APP) ist es am besten, sich auf ein Problem nach dem anderen zu konzentrieren, und die komplizierteren Dinge erst allmählich aufzubauen.)

Sprechabend

Während des dritten Jahres bereitet die Sprecherziehungsabteilung einen „Rezitations-"Abend vor, bestehend aus Texten die einen gemeinsamen thematischen Bezug haben, wie zum Beispiel Poesie der Zwanziger, Satiren, Liebesgedichte usw. Präsentiert werden diese Abende ohne Mikrofone in intimer Umgebung. Die Studentin wird ermutigt, ihre Stimme als kommunikatives Instrument und nicht notwendigerweise als Teil einer Rolle zu begreifen, obwohl dies gegebenenfalls auch nicht vermieden wird. Diese Vorführung ist der logische Höhepunkt des dreijährigen Sprecherziehungsstudiums, das oben bereits in groben Zügen dargelegt wurde.

Abschlußproduktion des vierten Jahrgangs

Wir hoffen, daß unser System mittlerweile klargeworden ist: Von der An-
fangserfahrung einer streng geschlossenen, nur für unsere Augen bestimmten
Präsentation im ersten Jahr führt es über die einem größeren Publikum zu-
gängliche und besser ausgestattete Collage des zweiten Jahres zur beginnenden Szenenarbeit und den offiziellen Vorstellungen des dritten Jahres. Am
Ende dieser Reihe steht die vollständig inszenierte Show des vierten Jahrgangs.

Dieses letzte Jahr setzt sich fast ausschließlich aus Auftritten zusammen: eine
komplette Musicalproduktion, die Präsentation der Schauspielarbeit, die im
dritten Jahr mit einer Gastregisseurin begonnen wurde, die Eigenarbeit der
Studentinnen und natürlich die fortwährende Teilnahme an Auditions für die
kommende Saison. Es hat sich als schwierig erwiesen, traditionelle Shows für
diese Abschlußproduktion zu verwenden. Die Besetzungsliste der meisten
Shows besteht aus Hauptrollen und Ensemble, und wir fühlen uns verantwortlich, jeder Studentin eine Hauptrolle zu geben. Bei einer Klassengröße
von sieben oder acht ist dies natürlich schwierig (vor allem, wenn die Gruppe aus sieben Frauen und einem Mann besteht, wie bei unseren ersten Ab-
solventen!). Es gibt drei Möglichkeiten, diesen Stolperstein zu umgehen:
1.) Mehrfachbesetzung der Hauptrollen – möglich, da diese Produktion mindestens achtmal aufgeführt wird, aber sehr schwierig wegen der unglaublich
komplizierten Proben- und Zeitpläne (obwohl wir A- und B-Besetzungen *empfehlen)*, 2.) eine Collage aus Elementen anderer Shows kreieren und einen Zusammenhang erfinden oder 3.) ein brandneues Stück speziell für diese Darstellerinnen schreiben. Wir haben alle drei schon benutzt.

Wie immer, wenn während einer Universitätsausbildung Theater gespielt
wird, muß diese Produktion Vorrang vor allen anderen Aktivitäten erhalten.
Auch wenn man Dinge sagt wie: „Wir erwarten, daß Ihr Euch wie Profis verhaltet" oder „Im *wirklichen* Theater geht es ganz anders zu", bleibt die Tatsache bestehen, daß dies immer noch Studentinnen sind und ihre Energiequel-
len und ihre Konzentration begrenzt sind. Sie sollten bis an ihre Grenzen ge-
trieben und nicht verhätschelt werden, aber sie brauchen länger als die
üblichen vier bis sechs Wochen Vorbereitung für ein Musical. Ein grundle-
gender Aspekt von Theaterarbeit, mit dem viele Studentinnen während der
Proben konfrontiert werden, ist das Durchhaltevermögen. Wenn sie dachten,
daß sie während der vorangegangenen drei Jahre müde waren, wird ihre Er-
schöpfungskapazität im vierten Jahr wirklich bis an die Grenze ausgereizt (so
wie in der „wirklichen" Theaterwelt, die sie bald betreten werden). Sie müssen lernen, den Probenanforderungen zu genügen, ohne sich ernsthafte Ver-
letzungen an Stimme oder Körper zuzuziehen. Dafür ist es das beste, die Vor-

„On The Town": Katrin Schyns, Claire Kremp, Silke Fritsche, Gerald Michel, Adrian Becker, Anna Kube
Foto: © Archie Kent

bereitung dieser Produktion so früh wie möglich zu beginnen – falls das eingerichtet werden kann, schon Ende des dritten Jahres – so daß die Lieder und Texte frühzeitig gelernt werden können und später alle Energie den Problemen der Produktion gewidmet werden kann.

Eigenarbeit

Als eine der Prüfungsanforderungen muß die Studentin eine selbstentwickelte und eigenhändig vorbereitete Show von ungefähr dreißig bis vierzig Minuten Dauer vorführen. Diese Show sollte aus Material bestehen, das bereits Teil ihres Repertoires ist, aber in einen neuen, zusammenhängenden Kontext gestellt wurde. Wir hoffen natürlich, daß die Studentin einige der Prinzipien und Techniken anwendet, die sie während der Zeit bei uns gelernt hat. Noch besser ist es, wenn sie selbst etwas überraschend Neues und Originelles findet. Der Lehrkörper steht für Rücksprachen zur Verfügung, aber die Show muß die unabhängigen Gedanken der Studentin repräsentieren.
Nichts wird a priori abgelehnt, ganz egal, für wie fehlgeleitet und „daneben" wir

es halten mögen. Das Ziel dieser Arbeit ist es, die Fähigkeit der Studentin zu ermitteln, selbständig Material zu entwerfen und zu entwickeln. Nach der Präsentation steht es uns frei, zu kritisieren und Vorschläge zu machen, aber davor müssen wir uns so weit wie möglich von dem Prozeß fernhalten. Die erfolgreichsten dieser Shows werden dann an anderen Schauplätzen gezeigt: Cafés, TV usw. Außerdem dienen sie als exzellente Vorbereitung für Auditions und Wettbewerbe.

Fortgeschrittenes Szenenstudium

Gegen Ende des dritten Jahres beginnen die Studentinnen mit der Arbeit an Szenen für zwei oder drei Personen unter der Leitung einer Gastregisseurin, die bekannt ist für ihre Arbeit an großen Schauspielbühnen. Es sind meistens Szenen aus bekannten Stücken von modernen Meistern wie Tennessee Williams oder George Tabori oder von klassischen Dramatikern wie Shakespeare, Schiller und Tschechow. Diese Betonung auf Schauspiel zeigt noch einmal, daß wir die singende, tanzende Schauspielerin anstreben. Die Stellung des Schauspiels in unserem Triumvirat ist vielleicht das, was unseren Studiengang von den vielen anderen legitimen und effektiven Kursen unterscheidet, die der ernsthaften Musicalstudentin zur Verfügung stehen. Eine sich ganz einbringende Darstellerin, die aktiv beteiligt ist am Hier und Jetzt, wirklich zuhört und auf das, was auf der Bühne passiert, reagiert, als ob es das erste Mal wäre (was es natürlich auch *ist*), und mit einem fein gestimmten und hervorragend ausgebildeten Instrument tanzt, singt und spricht, ist eine wahre Freude, und es ist ein Privileg, ihr zuschauen zu dürfen. Das war eigentlich schon so, als die erste griechische Darstellerin hohe Schuhe anzog, Jamben sang, zu einer Theorbe tanzte und damit die *Polis* erbaute und unterhielt.

„Himmel": Jana Werner   Foto: © Archie Kent

KAPITEL III

Das Musical-Labor

Diese sechs Wochenstunden im ersten Jahr und drei Wochenstunden im zweiten Jahr sind das Herz (und vielleicht der Geist) unseres Studiengangs. Sie sind wirklich neu in ihrem Konzept und seiner Anwendung. Da jede der drei Disziplinen so anspruchsvoll ist, besteht die Gefahr, daß die natürliche Begabung eines Studenten in einem der Fächer sein ernsthaftes Bemühen um die anderen überschattet – auch wenn eine entsprechend große Begabung bereits zum Starruhm führen kann. Eines der Hauptkennzeichen von Musicals, das Darstellern, Publikum, Komponist, Regisseur und Mutter am meisten Freude bereitet, ist die „All-round"-Darstellung, die die Menschen mit Gesang, Tanz und Schauspiel im Herzen und in der Seele berührt. Zugegebenermaßen kann nicht jeder ein Star sein, und auch das Ensemble muß mit Darstellern versorgt werden. Bei der heutigen Wirtschaftslage der Theater hat ein Tänzer, der nicht singen, oder ein Sänger, der nicht tanzen kann, geringe Chancen, Arbeit zu finden.

Als wir dieses Labor einführten, war unsere erste Entdeckung, wie seltsam und bedrohlich diese Art von Arbeit für unerfahrene Studenten ist. Wir waren gewohnt, auf einem professionellen Level zu arbeiten. Nun mußten wir erst das Vertrauen der Studenten gewinnen und ihnen versichern, daß sie von dieser Arbeit weder bedroht (naja, zumindest nicht *sehr!*) noch zerstört werden würden.

Beim ersten Treffen erwarten wir von jedem, daß er ein Lied vor der Klasse vorträgt. Es ist erstaunlich, wie zurückhaltend manche sind. Zwar haben die Fakultätsmitglieder alle Studenten bei der Zulassungsprüfung singen hören, die Studenten untereinander sind sich jedoch noch fremd. Indem wir sie einfach aufstehen und singen lassen, gewöhnen sie sich gleich daran, immer ein gewisses Repertoire für die von uns ausgedachten Übungen verfügbar zu haben (einschließlich der Noten für den Pianisten).

Wir bringen den Studenten bei, wie man die Noten für den Pianisten richtig vorbereitet (die Seiten zusammenkleben, Wiederholungen markieren usw.). Außerdem müssen sie darauf eingestellt sein, sich zu bewegen, und daher entsprechende Tanzkleidung tragen.

Noch ein Wort zum Pianisten: Er muß außerordentlich flexibel sein, da die Art, wie ein Lied gesungen wird (Stil, Tempo, Dynamik usw.), konträr zum „üblichen" Vortrag dieses Liedes sein kann; er muß in der Lage sein, auf radikal unterschiedliche Anforderungen spontan einzugehen.

Das Labor steht allen Fakultätsmitgliedern offen, und sie werden eingeladen, bei einem Großteil der Arbeit aktiv teilzunehmen. Viele von ihnen sind ein-

---

Foto Seite 48/49 Laban Arbeit „Die Brücke": Marc Basiner, Michael Chadim,

Falk Berghofer, Birge Funke, Eva Thärichen, Karim Khawatmi, Mischa Mang

Foto: © Archie Kent

seitig, nur auf ihr Fachgebiet konzentriert und müssen in diese Art der gegenseitigen Befruchtung erst eingeführt werden. Wir ermutigen sie, unsere Arbeit in ihrem eigenen Unterricht anzuwenden, so zum Beispiel die Nonsens-Sprache im Sprecherziehungsunterricht.

Gewöhnlich teilen wir das Labor in zwei Hauptteile: 1.) Die Vorbereitung, die neben einer Entspannungs- und/oder Aufwärmübung auch Spiele enthalten kann, die den Studenten auf den zweiten Teil vorbereiten, und 2.) die Lektion, die sich auf ein bestimmtes Problem konzentriert und in Form von Spielen und Improvisationen oder präzisen Aufgabenstellungen gelehrt wird.

Zumindest im ersten Semester konzentrieren sich die Lektionen darauf, verschiedene, oft falsche oder mißverstandene Darstellungskonzepte wieder loszuwerden. Da es in erster Linie unsere Aufgabe ist, den Studenten beizubringen, entspannt und natürlich vor einem Publikum zu sein, arbeiten wir an ihnen als Menschen. Wir arbeiten an dem Schauspieler bzw. Menschen, der mit Worten oder Gesang oder Tanz (re-)agiert. Dieses Konzept, daß auf einer Bühne agieren, reagieren bedeutet, muß erst gelernt werden. Der Einsatz des Selbst ist für einen Darsteller gleichbedeutend damit, emotional nackt auf der Bühne zu stehen. Wir benutzen oder ersinnen Übungen, welche die Selbstkenntnis fördern und die Studenten ermutigen, diese Kenntnis einfach und ehrlich einzusetzen, um als Darsteller glaubhaft zu werden – sein und nicht spielen.

Damit die Studenten vergessen, daß man ihnen zuschaut, lassen wir sie manchmal im Vorbereitungsteil mit verbundenen Augen arbeiten. Dazu benutzen wir Augenbinden, wie sie in allen Labor- und Schauspielklassen gebraucht werden. Es ist verblüffend, was bei diesem „Ich sehe nicht, daß du mich siehst" passiert. Ich kann mir einbilden, daß du mich nicht sehen *kannst* und meine öffentliche Maske fallenlassen. Ich kann aufhören zu SPIELEN. Manchmal bitten wir die Studenten, die Augenbinden aufzubehalten, wenn wir zu den Spielen und Improvisationen übergehen, oder zumindest dieses Gefühl, für sich zu sein, so weit wie möglich zu bewahren, wenn sie die Augenbinden abnehmen. Wir möchten, daß sie die Wahrnehmung dieses Wechsels von der privaten in die öffentliche Welt, vom Dunkel zum Licht, in der Übung benutzen. Wir könnten einen Studenten auch bitten, noch mit der Augenbinde zu singen oder dann, wenn er sie gerade abgenommen hat, also noch mit genau diesem Körpergefühl.

Wenn wir Übungen vorgeben, die sich auf den Körper in Ruhe und/oder Bewegung konzentrieren, betonen wir nachdrücklich, daß der Körper nicht nur eine physische Form, sondern auch die Substanz dessen ist, was wir sind. Wir versuchen, folgende Lektion zu vermitteln: Der Körper funktioniert und bewegt sich als Ausdruck unseres Seelenzustands. Er ist ein persönliches Statement, sowohl in privaten als auch in interaktiven Momenten.

Bei Lektionen, in denen es um Tanz geht, werden Themen wie Funktion, Raum und Zeit, Phrasierung, Dynamik und Anforderungen an Stärke und Ausdauer behandelt. Außerdem besprechen wir die Probleme des Singens während man tanzt, des Sprechens und/oder Singens nach einer Tanznummer, des Tanzens in einer Rolle und mit Emotion und des Übergangs in einen oder aus einem Tanz. Wir erforschen die Unterschiede zwischen dem Tanzen eines Solos, in einer kleinen Gruppe oder als Ensemblemitglied.

Wenn sich die Lektion um Gesang und die Rolle der Musik dreht, könnten wir folgende Fragen stellen: 1.) In welcher Beziehung sind Sprache und Lied gleich, und wie unterscheiden sie sich? 2.) Von wo genau kommt die Stimme? 3.) Welche Rolle spielt der Atem? 4.)Wie ist es möglich, in sehr emotionalen Momenten zu singen? Weitere Themen sind die Auseinandersetzung mit der „Künstlichkeit" einer Bühnenstimme, die Schulung des Gehörs, die Freisetzung musikalischer Impulse und Phantasie, Sologesang, Ensemblegesang und Singen als „Back-up"-Begleitung. Die Behandlung dieser Themen erfolgt in Übungen.

Die Musical-Theaterspiele sind so konzipiert, daß sie das Gefühl, etwas alleine oder mit anderen darzustellen, anregen und beleben, die Augen und Ohren schärfen, die Fähigkeit zu improvisieren herausfordern und zu spontanen Reaktionen ermutigen.

Wir glauben, daß das Ensemble in jeder Show wichtig ist, und wir entwerfen Übungen in dem Bestreben, den Studenten dieses Gefühl und Bewußtsein zu vermitteln und dann weiter in ihnen zu fördern. Die Studenten müssen sich in unseren Übungen darauf verlassen können, daß ihre Mitstudenten Ideen und Aktionen anbieten und auf die der anderen reagieren. Sie müssen bereit sein, in die Realität oder Phantasie des Partners einzusteigen und mit ihm zusammenzuarbeiten, um die Aufgaben zu erfüllen.

Im zweiten Jahr beschäftigen sich unsere Lektionen mit: Etwas „zum ersten Mal" wiederholen, persönlichen Dämonen gegenübertreten und sie bezwingen, das Publikum erreichen und gewinnen und die Bühnenmitte für sich in Anspruch nehmen und wieder abgeben.

CRP: „My Mother's Courage", Tabori Ensemble u. a. – RIAS/Berlin.
Leitung: Barbara Walden   Foto: ©Werner Bethsold

Entspannungsübungen

The Constructive Rest Position (CRP) – Die konstruktive Ruheposition

Wir beginnen mit unserer Variation der CRP. Das Original wurde von Dr. Lulu E. Sweigard in ihrem Anatomie-Labor an der Juillard-School in New York City unterrichtet. Lege dich mit dem Rücken auf den Boden, wenn du möchtest auf eine Matte oder Decke, und schließe die Augen. Die Fußsohlen sind am Boden, die Füße auseinander und so, daß die Zehen nach innen, also zueinander, zeigen. Laß deine Knie nach innen fallen und gegeneinander ruhen, so daß sie sich in einer Achse mit dem Zentrum deines Körpers befinden. Kreuze deine Arme über der Brust, und laß sie einfach fallen. Halte dich nicht an deinen Schultern fest. Für eine bessere Plazierung (besonders, wenn du deinen Kopf nach hinten neigen mußt, um ihn auf den Boden zu legen), lege ein kleines Kissen unter deinen Kopf, so daß sich dein Nacken langstreckt und dein Kinn locker auf die Brust fällt. Überprüfe, ob dein Kopf zentriert ist. Wenn deine Knie nicht zusammenbleiben können, nimm einen Gürtel oder Schal und binde sie direkt oberhalb der Knie zusammen, so daß du die Muskeln in deinem unteren Torso und in den Beinen entspannen kannst. Damit die Füße nicht wegrutschen, machst du diese Übung am besten barfuß oder mit flachen, weichen, gummibesohlten Schuhen. Passe den Raum zwischen deinen Füßen und zwischen deinen Füßen und deinem Gesäß so an, daß du eine bequeme Balance erreichst.

Sei dir selbst im Raum bewußt. Nimm dir Zeit, erst die Laute außerhalb des Raumes und dann innerhalb des Raumes wahrzunehmen. Sei dir der Temperatur des Fußbodens und der Luft im Raum bewußt. Und jetzt beginne, deine Aufmerksamkeit nach innen zu richten. Sei dir deines Atems bewußt, und wie er deinen äußeren und inneren Raum verbindet, als Brücke zwischen beiden Welten. Spüre die Kühle der Luft, wie sie durch deine Nase einströmt und deinen Kopf, deine Kehle, deine Brust, dein Zwerchfell, deinen Bauch und dein Becken anfüllt, und spüre ihre Wärme, wenn sie durch deinen Mund wieder ausströmt. Mache dir drei Druckpunkte bewußt: am Hinterkopf, zwischen den Schulterblättern und am unteren Rücken. Du wirst in einem dieser drei Bereiche mehr Druck oder Unbehagen spüren als in den anderen beiden. Dein Körper sagt dir, daß du dort den größten Teil deiner Verspannungen festhältst. Du solltest dieses Gefühl des Unbehagens weder verleugnen noch vermeiden. Gehe mit „den Daumen deiner Vorstellungskraft", deinem konzentrierten Bewußtsein, in diese Stelle und lerne, loszulassen. Das Lösen tiefer Körperverspannungen wird durch den Einsatz bildhafter Vorstellungen erreicht. Dieser Prozeß braucht Zeit. Zu Beginn der Ausbildung veranschlagen wir dafür maximal zwanzig Minuten, was der von Dr. Sweigard empfohlenen Zeitdauer entspricht. Später reduzieren wir auf zehn Minuten. Diese Übung profitiert von häufiger Wiederholung und der Anwendung über Jahre.

Bilder
1. Stelle dir vor, daß der Boden eine große Hand ist, die dich sanft und dennoch sicher wiegt und beschützt.

2. Stelle dir vor, daß deine Wirbelsäule eine Telegrafenleitung ist. Alle Informationen, die du von der Außenwelt und sogar von deinem Körper selbst erhältst, treten durch Nervenendungen ein und reisen durch die Telegrafenleitung nach oben zu dem Körperteil, den wir Gehirn nennen. Das Gehirn entschlüsselt den sensorischen Input des Körpers und sendet Anweisungen zur Reaktion durch die Telegrafenleitung nach unten.

3. Stelle dir vor, daß deine Wirbelsäule ein Baumstamm mit winzigen Ranken ist, die sich der ganzen Länge nach auf beiden Seiten ausdehnen (von der

Mitte des Kopfes bis zum Steißbein). An dem Punkt des Stammes, wo du den meisten Druck (oder Schmerz oder Unbehagen) spürst, gehe in das Zentrum dieses Drucks und stelle dir vor, wie er sich erst in die Ranke auf der einen und dann in die auf der anderen Seite ausdehnt oder darin auflöst.

4. Stelle dir vor, daß der Druck ein roter Punkt ist und du mit einer Pipette, gefüllt mit „Entspannungslösung", einige Tropfen auf den Punkt träufelst, somit einen Raum in seinem Zentrum schaffst und ihn nach außen hin auflöst und seine Farbe abschwächst.

5. Stelle dir vor, daß der Druck eine Eiskugel ist. Du liegst am Strand oder auf einer Wiese in der Sonne. Es ist wunderbar warm, und die Sonne scheint direkt auf die Eiskugel und schmilzt sie.

6. Stelle dir vor, daß der Druck eine bunte Kaugummikugel ist. Wähle deine liebste Geschmacksrichtung aus. Lutsche zuerst daran und dann, wenn du willst, beiß rein und kaue darauf herum.

7. Stelle dir vor, daß der Druck eine Tür ist. Du öffnest diese Tür und gehst durch sie hindurch auf ein freies Feld. Es ist sonnig und warm. Eine kleine Brise weht und der feine Geruch von wilden Blumen weht dir entgegen. Vögel zwitschern um die Wette und Grillen zirpen.

8. Stelle dir vor, daß dein Körper ein leerer Anzug auf einem Bügel ist und einfach im Wind weht.

9. Stelle dir vor, daß du auf einer niedrigen, vergitterten Plattform liegst und dein Körper für diese Übung mit Sand angefüllt ist. Du kannst Schlitze entlang des Schultergürtels in die Hülle deines „Sandsacks" machen, und der Sand wird auf den Boden rieseln. (Du kannst dies auch auf der Höhe deiner Hüftgelenkpfannen versuchen.)

10. Stelle dir vor, daß das Innere deines Körpers ein Gebilde aus vielen Räumen ist und daß du ein kleines Wesen bist, das in all diese Räume spazieren kann, um zu schauen, wo es Verspannungen gibt. Falls noch Verspannungen zurückbleiben, kannst du einen „Entspannungsbesen" oder Staubwedel nehmen und sie hinausfegen, oder du nimmst einen tiefen Atemzug und bläst sie weg.

11. Du kannst die Bilder aus der F. Matthias Alexander-Technik, die Menschen lehrt, den täglichen, falschen Gebrauch ihrer Körper zu korrigieren, auf die CRP anwenden.

a) Entspanne deinen Nacken, so daß du einen Raum zwischen dem obersten Punkt deines Nackens (auf der Höhe der Gehörgänge) und deinem Kopf spürst. Dein Kopf ist frei vom Nacken, so daß Energie oben aus deinem Kopf fließen kann.

b) Laß deinen Körper sich strecken und weiten, stelle dir Luft zwischen deinen Wirbeln und zwischen deinen Rippen vor.

c) Laß deine Schultern nach außen zur Seite fließen, so daß sich dein Rücken weiten kann.

d). Laß deine Beine frei in den Hüftgelenkpfannen, und löse sie somit von deinem Becken. Stelle dir Luft oder Raum in den Gelenkpfannen vor.

Anmerkung: Wir schlagen nur während des ersten Monats Bilder vor, danach wird die CRP still und bei gedämpftem Licht ausgeführt. Wir ermuntern die Studenten, alle die Bilder zu benutzen, die ihnen helfen, der Schwerkraft nachzugeben und loszulassen, oder zu experimentieren und ihre eigenen Bilder zu finden.

> ### Anwendung
> * Um ruhig zu werden und deine Aufmerksamkeit zu fokussieren.
> * Um das Bewußtsein und Wissen über deinen eigenen Körper und seine Verspannungen zu erweitern.
> * Um sich physisch und mental zu zentrieren.
> * Um an Gefühle heranzukommen, die in den Muskeln und dem Gewebe deines Körpers eingeschlossen sind, und sie dann loszulassen.
> * Um zu schlafen, zu weinen, zu beben, zu ruhen, sich auf die Arbeit vorzubereiten.

Anmerkung: Einer unserer Studenten war von Berlin nach Wien geflogen, um an einer Audition für die dortige Produktion von „Les Miserables" teilzunehmen. Als er im Theater ankam, war die Audition schon im Gange. Er war sehr ängstlich und nervös und versuchte, sich mit allen Mitteln zu beruhigen. Auf der Seitenbühne fand er einen Platz, wo er sich hinlegen konnte, ging in die CRP und schlief ein. Er wachte erst wieder auf, als sein Name aufgerufen wurde. Beinahe hätte er verschlafen! Aber er erwachte, erfrischt und entspannt, machte eine hervorragende Audition und bekam den Job. Er war überrascht und erfreut, genau wie wir, als wir davon hörten.

Die CRP verlassen

Strecke deine Arme über deinem Kopf aus, behalte die Fingerspitzen in Kontakt mit dem Boden. Atme tief. Laß deine Knie in eine parallele Position kommen, so daß sie in einer Linie mit deinen Hüftknochen sind. Warte bis der Lehrer zu dir kommt. Er wird eventuelle Binden lösen, deine Knie dann zu deiner Brust führen und dich in Embryostellung auf die Seite rollen. Dort kannst du eine Weile bequem ruhen. Komme dann langsam mit Hilfe deiner Hände in den Sitz. Wenn dein Kopf klar ist, stehe langsam auf.

Anmerkung: Es ist wichtig, daß du dir Zeit damit läßt, vom Liegen ins Stehen zu kommen, um deinen Körper an sein neues Schwerkraftzentrum zu gewöhnen. Wenn du zu schnell aufstehst, kann dir schwindlig werden.

Stuhlentspannung

Diese Übung für Schauspieler entwickelte Lee Strasberg in seiner Arbeit im „The Actors Studio". Obwohl es leichter ist, der Schwerkraft nachzugeben, wenn man liegt, wirst du normalerweise entweder sitzen oder stehen, wenn du auf einer Bühne spielst, und es ist wichtig, sich auch in diesen Positionen entspannen zu können.

Stelle deinen Stuhl an einen Platz im Raum, der sich gut für dich anfühlt. Das Gesicht zeigt in eine Richtung, die dir das Gefühl vermittelt, für dich zu sein, d. h., nicht zu nahe an einer anderen Person und nicht mit dem Gesicht zu jemandem. Sitze mit geschlossenen Augen auf dem Stuhl und gewöhne dich ein. Gib der Schwerkraft nach und erlaube dem Stuhl, dich zu stützen, während du dich seiner Form anpaßt. Mache es dir so bequem, daß du einschlafen könntest. Sei dir deiner verschiedenen Körperteile bewußt. Bewege jeden Körperteil in diesem entspannten Zustand: deinen Kopf, deinen Hals, deine Schultern, deinen rechten Arm, die Hand und Finger, deinen linken Arm, die Hand und Finger, deine Brust, Zwerchfell, Bauch, Hüften, Genitalien, Gesäß, Rücken (unterer, mittlerer und oberer), dein rechtes Bein, den Fuß und die Zehen, dein linkes Bein, den Fuß und die Zehen. Die Bewegungen können beliebig hoch und in jede Richtung ausgeführt werden.

Strasberg veranlaßt dann den Schauspieler (dich), an verschiedenen Gesichtsmuskeln zu arbeiten und sie von Verspannungen zu befreien. Am Anfang erreicht man dies am besten durch Berührung, später alleine durch die Konzentration. Arbeite an den Muskeln in dieser Reihenfolge: Zuerst die im Bereich der blauen Venen an den Schläfen, dann die Muskeln rechts und links der Nase, wo die Augen und Nase zusammentreffen, die langen Muskeln beidseitig der Nase, die sich bis hinunter zum Kinn erstrecken, das Kinn selbst und danach die Muskeln des Mundes, der Wangen, des Kiefers und der Zunge. Der nächste Bereich, an dem gearbeitet wird, ist die Wirbelsäule vom Kopf bis zum Steißbein. Massiere die Muskeln auf beiden Seiten des Rückgrats, so weit es dir möglich ist. Entspanne sie später nur mit Hilfe der Konzentration. Setze alle Gefühle, die während dieser Übung in dir aufsteigen, durch den Laut „ah" frei. Sollte diese Silbe (so oft wiederholt wie nötig) als Mittel zum Ausdruck deiner Gefühle nicht stark genug sein, benutze die Silbe „hah", percussionartig und aus dem Bauch heraus. Die Gefühle sollen durch die Verwendung dieser Laute nicht geschmälert, sondern ausgestoßen werden. Benutze den Stuhl als Hilfe, um deine immer noch existenten Verspannungen zu lösen. Nimm dabei jede erdenkliche Position ein, die dir durch den Druck von Körperteilen gegen den Stuhl oder den Boden hilft, diese Verspannungen zu lokalisieren und loszulassen.

Beende die Übung, indem du in eine „normale" Sitzhaltung zurückkehrst.

Anwendung
- Um zu lernen, wie man sich im Sitzen entspannt.
- Um zu lernen, wie man Verspannungen lokalisiert und durch Berührung löst.
- Um zu lernen, wie man Verspannungen lokalisiert und ohne Berührung löst.
- Um sich langsam der Beziehung zwischen Verspannung und nicht ausgedrückter Emotion bewußt zu werden.
- Um Gefühle durch Laute freizusetzen und somit Verspannungen zu lösen.
- Um neue Körperpositionen und Bewegungsmöglichkeiten zu entdecken.
- Um zu lernen, wie man sich auf seine eigene Arbeit konzentriert, während man andere arbeiten hört.
- Um zu lernen, starke Emotionen vor anderen auszudrücken und starke Emotionen anderer zu akzeptieren, ohne gehemmt zu sein oder zu bewerten.

Variation

Diese Übung kann auch paarweise durchgeführt werden, wobei sich der eine entspannt und der andere ihm dabei hilft, indem er die von Strasberg bestimmten Punkte drückt. Die Berührung sollte bestimmt und doch sanft sein. Nach dieser „Druckmassage", singt der passive den aktiven Partner an, und dieser antwortet darauf aus seinem gegenwärtigen physischen und emotionalen Zustand mit seinem eigenen Lied.

Anwendung

Für den passiven Partner
- Um eine vertrauensvolle Beziehung aufzubauen.
- Um mit Hilfe eines Partners im Sitzen der Schwerkraft nachzugeben.
- Um in entspannter Weise zu singen.
- Um jemanden anzusingen, der dich physisisch bewegt hat.
- Um auf Berührung zu reagieren.

Für den aktiven Partner
- Um eine vertrauensvolle Beziehung aufzubauen.
- Um durch deine Berührung sensibel und verantwortungsvoll zu sein.
- Um zu lernen, wie man Spannungen durch Berührung lokalisiert und löst.
- Um dich in jemanden einfühlen zu können, den du berührt hast, und um ihm zu antworten.
- Um als Reaktion auf die Gefühle deines Partners zu singen.

Streicheln

Sitze bequem auf dem Boden, wiege deinen Partner in deinem Schoß und streichele ihn sanft fünf Minuten lang. Die Streichelbewegungen sollten lang, weich und wohltuend sein und seinen Kopf, sein Gesicht, seinen Hals, Torso, seine Arme, Hände, Beine und Füße, d. h., so viel seines Körpers, wie du erreichen kannst, mit einbeziehen. Schenke deinem Partner deine volle Aufmerksamkeit. Nach fünf Minuten wird euch euer Lehrer anweisen, allmählich und organisch die Plätze zu tauschen, so daß jetzt du dich mit dem Kopf in deines Partners Schoß kuschelst und er dich fünf Minuten lang streichelt. Nehmt euch danach ein paar Minuten Zeit, um miteinander über die Erfahrung zu sprechen und findet einen Weg, euch zu trennen.

Anwendung
- Um eine enge und vertrauensvolle Beziehung zu etablieren.
- Um physische Hemmungen und die Angst vor physischer Nähe abzubauen.
- Als Vorbereitung auf die Szenenarbeit.
- Um sich zu entspannen.

Öffnen

Dies ist eine Partnerübung. Sie wurde uns von George Tabori vorgestellt. Schließe dich selbst physisch ein, indem du dich so eng zusammenrollst, wie du nur kannst. Dein Partner wird versuchen, dich zum Entspannen und zur Aufgabe deiner Abwehrhaltung zu bewegen. Er kann dich aber auch zwingen, dich beschwatzen, dir schmeicheln, dich kitzeln oder dich auf sonst eine erdenkliche Art zum Öffnen bringen. Wenn er dies erreicht hat oder wenn der Lehrer „Zeit um" signalisiert, sprecht ihr beide über die Erfahrung, tauscht dann die Rollen und wiederholt denselben Prozeß.

Anwendung
- Um Scheu vor physischem Kontakt in verschiedenen emotionalen Zuständen zu überwinden.
- Um sich gegenseitig und um sich selbst besser kennenzulernen.
- Um einen Menschen dazu zu bringen, sich zu öffnen, und ihn empfänglich für sich zu machen.
- Um stark genug zu werden, „nein" oder „noch nicht" zu sagen, und so lange, wie du willst, verschlossen zu bleiben und der Nötigung zu widerstehen.

Anmerkung: Die folgenden Übungen haben mit „Sensory Awareness" (Sinnenbewußtheit, Sinneswahrnehmung) zu tun, gehören aber zu dem Kapitel Entspannungsübungen.

Selbstbericht

Dies ist wieder eine Strasberg-Übung. Sie kann in jeder Position und in jeder Situation mit offenen oder geschlossenen Augen ausgeführt werden.

Sprich leise zu dir selbst, *sotto voce*, und beschreibe ohne große Denkpausen deinen gegenwärtigen physischen Zustand. Sei so präzise wie du kannst, und erzähle, welche Empfindungen du von einem Moment zum nächsten verspürst.

Die Empfindungen können als Reaktion auf dich umgebende oder innere Stimuli in dir wachsen. Versuche, diesen Informationsfluß beständig aufrechtzuerhalten und ihn nicht zu bewerten. Versuche, deinen ganzen Körper in diese Inventur miteinzubeziehen.

Es ist zum Beispiel genauso wichtig zu bemerken, daß du dein Zwerchfell und deinen mittleren Rücken nicht spüren kannst, wie es von Bedeutung ist, daß deine Schläfen pochen, du ein brennendes Gefühl zwischen deinen Schulterblättern spürst und daß deine Handflächen feucht werden.

Vermeide Worte wie „gut“ oder „schlecht“ und „wütend“ oder „glücklich“, d. h. Worte, die sich auf deine Gefühle oder Werte beziehen. Konzentriere dich wirklich auf das, was sich physisch in dir als einzigartigem Wesen ereignet.

Anwendung

- Um sich zu sammeln.
- Um sich der Verbindung zwischen physischen Empfindungen und Emotionen bewußt zu werden und fähig zu sein, Emotionen als besondere Empfindungen in bestimmten Körperteilen zu lokalisieren und zu beschreiben.
- Um mit Hilfe dieser Bewußtheit fähig zu sein, Emotionen wieder entstehen zu lassen.
- Um in der Lage zu sein, sich auf das „Hier und Jetzt“ zu konzentrieren und es in einer Darstellung zu benutzen.
- Um in der Lage zu sein, sachlich mit den Ereignissen in deinem Körper umzugehen, und dich nicht davon überwältigen zu lassen.
- Um dir deine Umgebung und ihren Einfluß auf dich bewußt zu machen.

Variation

Teilt die Klasse in Gruppen à drei Personen. Jeder in den entstandenen Trios hat nun die Möglichkeit, den Selbstbericht unter genauer Beobachtung der anderen beiden durchzuführen.

Diese Beobachter sind nicht dazu da zu bewerten oder etwas zu fordern, sondern um den „Selbstberichterstatter“ durch genaue Fragen näher an das heranzuführen, was wirklich in seinem Körper passiert. Wenn der „Selbstberichterstatter" zum Beispiel erzählt „Meine Beine sind müde", könnten die Beobachter fragen „Wie fühlt sich müde an?" oder „Wo genau fühlst du die Müdigkeit?" oder „Gibt es einen Zusammenhang zwischen dieser Müdigkeit und der Tatsache, daß deine Fäuste geballt sind?". Durch die Präzision ihrer Fragen können die Beobachter den Berichterstatter zu einer gesteigerten Bewußtheit über seinen physischen und emotionalen Zustand führen.

Anwendung
• Um zu lernen, wie man den physischen Zustand eines anderen präzise beschreibt, und wie man Fragen über die Verbindungen zwischen physischen und emotionalen Zuständen stellt ohne zu bewerten.
• Um in der Lage zu sein, auf eine Befragung zu antworten, ohne sich zu verteidigen.

Honig-Selters

Diese Übung kann alleine oder alleine in einer Gruppe gemacht werden. Sitze mit geschlossenen Augen auf einem Stuhl, die Füße flach auf dem Boden, und stelle dir vor, daß die Außenhülle deines Körpers (deine Haut) aus Glas ist. Oben auf dem Kopf ist eine Öffnung, in die warmer Honig gegossen wird. Der Honig fließt langsam nach unten und überzieht das Innere deines gläsernen Äußeren, ohne dabei deine Nasenlöcher oder Kehle, deine Atmung oder dein Schluckvermögen oder irgendeine deiner natürlichen Körperfunktionen zu stören.

Nimm dir Zeit und sehe und fühle wirklich die Beschaffenheit, Temperatur und den jeweiligen Stand des Honigs, wie er zentimeterweise seinen Weg nach unten entlang der Innenseite deines Kopfes, Gesichts, Halses, Torsos und deiner Gliedmaßen findet. Sollte es einen Überschuß an Honig geben, fließt er durch deine Zehen und Finger ab.

Es steht dir frei, dich zu bewegen, zu stehen oder der Schwerkraft nachzugeben, wenn du den Impuls dazu verspürst. Du darfst tief atmen, seufzen oder Gefühle nonverbal ausdrücken, wenn es sich organisch anfühlt. Nach Beendigung dieses Teils der Übung, verweile einen Moment mit diesem schweren, honigbeschichteten Gefühl und signalisiere dann deine Bereitschaft weiterzumachen durch das Öffnen deiner Augen. (Wenn du alleine für dich arbeitest, kannst du deine Augen geschlossen halten und einfach die Übung fortsetzen.)

Bleibe in der Position, in der du dich jetzt befindest, und stelle dir mit geschlossenen Augen vor, daß in deinen Fußsohlen Öffnungen sind, durch die kühles Selters (kohlensäurehaltiges Wasser) nach oben zu sprudeln beginnt. Es füllt deine Füße an, strömt durch deine Knöchel und Waden nach oben durch deinen ganzen Körper, bis es durch die Öffnung in deinem Kopf austritt. Die Temperatur des Wassers, das Maß des Sprudelns, sowie die Geschwindigkeit und Stärke seiner Reise bleiben dir überlassen.

Versuche, wie in der ersten Hälfte der Übung, die imaginäre Substanz in jeden deiner Körperteile zu schicken, und erlaube dir, mit Bewegungen oder Lauten auf diese Erfahrung zu reagieren.

Anwendung
- Als autogenes Training, um das Bewußtsein für das Körperinnere und dessen Empfindungen zu erhöhen.
- Um dich zu entspannen, indem du der Schwerkraft nachgibst.
- Um dich zu beleben (dies kann auch eine energetisierende Übung sein).
- Um in der Lage zu sein, die eigene Energie zu kontrollieren.
- Um die Verbindung zwischen Denken, Fühlen und Bewegen zu spüren.
- Um dir Temperatur und deren Einfluß auf dich vorstellen zu können.
- Um dich an einer breiten Skala physischer Empfindungen zu erfreuen.

In verschiedene Körperteile summen

Dies ist eine weitere Partnerübung, sie kann allerdings auch zu dritt ausgeführt werden.

Dein Partner liegt in bequemer Haltung mit dem Rücken auf dem Boden. Arbeite vom Kopf zu den Füßen. Lege deine Hand auf einen Körperteil, zum Beispiel auf den Kopf. Dein Partner wird einen Ton summen oder singen und zu diesem Körperteil schicken, so daß du die Vibration (oder Resonanz) in deiner Hand spürst. Laß deine Hand liegen, so daß dein Partner den Ton mindestens noch einmal dahin schicken kann. Teile deinem Partner mit, ob du die Vibration spürst oder nicht, so daß er versuchen kann, die Tonhöhe, den Stimmsitz oder das Volumen (die Intensität) zu ändern, um die Aufgabe zu erfüllen. Nachdem er das getan hat, lege deine Hand auf einen anderen Körperteil (vielleicht die Stirn), und wiederholt den Prozeß.

Natürlich wird es Körperteile geben, an denen du die Vibration nicht spüren kannst, aber der Versuch, die Stimme zu fokussieren und in so viele Resonanzräume wie möglich zu schicken, ist wichtig. Du wirst oft überrascht sein, wenn du eine Vibration spürst, wo du es nie erwartet hättest.

Wenn ihr die Aufgabe erfüllt habt, sprecht darüber, tauscht die Rollen und wiederholt die Übung.

Erste Schritte

Zum Stand kommen

Dies ist eine Drei-Personen-Übung, sie beginnt jedoch zu zweit. Knie oder sitze so, daß du den Kopf deines Partners in deinem Schoß wiegen kannst. Er liegt in völlig passiver Haltung mit geschlossenen Augen auf seinem Rücken und bleibt passiv, bis er am Ende der Übung aufgerichtet und auf seine eigenen Füße gestellt worden ist. Lege eine Hand auf die Brust deines Partners, um das Auf und Ab seines Atems zu spüren. Atme mit deinem Partner, spiegele den Rhythmus und die Intensität der Atmung. Beginne in diesem Rhythmus allmählich und sanft mit Milde und doch auch Stärke, deinen Partner in eine sitzende Position aufzurichten. Mit jedem Anheben wird ein kleiner Rückfall einhergehen, rhythmisch bestimmt vom Ein- und Ausatmen. Da dein Partner während der ganzen Übung passiv bleibt, wird er ziemlich schwer sein. Der dritte Teilnehmer, der euch bisher beobachtet und rhythmisch mit euch geatmet hat, steht als Hilfestellung bei der Aufrichtung zum Stand zur Verfügung. Er wird eingreifen, wenn du ihm signalisierst, daß du bereit bist, die Verantwortung mit ihm zu teilen. Wenn ihr beide anfangt, miteinander zu arbeiten, werdet ihr Partner bei der Aufgabe, den jetzt sitzenden Dritten zu heben, zu drücken, zu ziehen und zu stützen, bis er steht. Dieser Weg vom Sitzen zum Stehen sollte eine rhythmische Fortsetzung des Wechsels vom Liegen zum Sitzen sein und dasselbe Gefühl des Auf und Ab des Atems besitzen. Wenn der passive Dritte steht, müßt ihr vielleicht sein Becken und seinen Kopf ausrichten, um sicher zu gehen, daß er in seiner Achse und wirklich auf beiden Beinen ausbalanciert ist.

Die eigenen Flügel ausprobieren

Die nächste Aufgabe besteht darin, euren gerade stehenden Schützling darauf vorzubereiten, von euch wegzugehen. Er wird einen Moment brauchen, bis er sich zentriert fühlt. Er hält seine Augen geschlossen, ist aber etwas weniger passiv als zuvor, denn er muß ja gegen die Schwerkraft arbeiten, um zu

„Erste Schritte": Mischa Mang, Birge Funke, Karim Khawatmi   Foto: © Archie Kent

stehen und in seiner Achse zu bleiben. Ihr steht auf beiden Seiten von ihm, eure Innenhände sind unter seinen Achseln und eure Außenhände halten seine Hand (siehe Bild).

Vorsichtig breitet ihr dreimal die Arme des gerade flügge werdenden Partners ein Stück vor seiner Schulter zur Seite aus. Beim ersten Mal hebt ihr sie ungefähr fünfzehn Zentimeter an und führt sie dann wieder nach unten zu den Ausgangspunkten an seiner Seite. Beim zweiten Mal hebt ihr sie bis ungefähr auf Hüfthöhe und führt sie dann wieder hinab. Schließlich hebt ihr sie bis fast auf Schulterhöhe und haltet sie da. Es ist wichtig, daß ihr euch spiegelt und zusammen bewegt, so daß sich euer Schützling ausbalanciert fühlt. Das Anheben und Absenken seiner Arme sollte rhythmisch sein und ebenso synchron zur Atmung wie im ersten Teil der Übung. Die Person, deren Arme gehoben werden, soll nicht „helfen", sondern im Gegenteil von den Schultern bis in die Fingerspitzen der Schwerkraft nachgeben.

Erste Schritte machen

Du arbeitest weiter synchron mit deinem Partner. Ohne eure Hände wegzunehmen, verlagert ihr das Gewicht eures Schützlings nach vorne. Um ein Fallen zu vermeiden, muß er einen Schritt machen. Unterstützt ihn weiter und ermutigt diese ersten Schritte eine kurze Weile. Laßt dann los und schaut zu, wie er sich von euch trennt und weggeht. Dies ist ein starker Augenblick für alle drei Beteiligten. Wenn er fertig ist, öffnet er seine Augen, kann sich dann zu euch umdrehen und seinen Bedürfnissen gemäß Kontakt mit euch aufnehmen. Sprecht fünf oder zehn Minuten über diese Erfahrung, und tauscht dann die Rollen. Wiederholt diese Übung, bis jeder von euch alle drei Rollen einmal übernommen hat.

Anmerkung: Ihr solltet die Ausgangsposition mit Blick auf das Ende der Übung (den „blinden Gang") wählen, so daß euer Schützling, wenn er einmal steht und mit geschlossenen Augen nach vorne geht, freie Bahn hat.

Mache diese Übung *nicht,* wenn du Rückenschäden hast. Sei *vorsichtig* und hebe mit gebeugten Knien, benutze deine Rücken- und Beinmuskulatur.

Anwendung

Die Hebenden

- Um zu lernen, einen Atem zu spiegeln.
- Um zärtliche Gefühle und Mitgefühl einzusetzen.
- Um um Hilfe zu bitten und Hilfe zu geben, wenn sie gebraucht wird.
- Um synchron mit einem Partner zu arbeiten.

Der Gehobene

- Um zu lernen, wie man sich entspannt, indem man sich der Schwerkraft überläßt.
- Um in der Lage zu sein, anderen und sich selbst zu vertrauen.
- Um den Entwicklungsprozeß von der Geburt zu den ersten Schritten noch einmal zu erleben.

Phantasiereisen

Liege in der CRP oder einer anderen bequemen Position, schließe deine Augen und durchlaufe den bereits beschriebenen Prozeß, um in einen ruhigen, konzentrierten Zustand zu gelangen. Dein Lehrer wird dich dann auf diese (oder eine andere) Phantasiereise schicken:

Stelle dir vor, daß du fliegen und durch Wände gehen kannst. Fliege aus diesem Raum hinaus und hoch in den Himmel. Spüre den Wind auf deinem Körper, während du über den Baumkronen segelst. Erinnere dich an einen Platz, wo du schon einmal glücklich und zufrieden warst, oder stelle dir einen solchen vor. Sieh diesen Ort unter dir und gleite sanft hinab. Benutze deine Sinne, um wirklich dort zu sein. Taste, rieche, schmecke, sehe und höre, und sei dir der Freude, die du erlebst, bewußt. Spüre jetzt, daß du nicht alleine bist. Ein Tier oder eine Kreatur nähert sich dir, ein Wesen, dem du vollständig vertrauen kannst, und das dich vollkommen versteht. Nimm dir Zeit, mit diesem Wesen zu kommunizieren, vertraue ihm deine Hoffnungen und Befürchtungen an. Nach fünf oder zehn Minuten ist es an der Zeit, sich zu trennen. Dein „Freund" macht dir ein kleines Geschenk, das du als Erinnerung an diesen Ort und eure gemeinsame Zeit mitnehmen darfst. Finde einen Weg, dich zu verabschieden, und gehe in dem Wissen fort, daß du immer zurückkehren kannst und dein „Freund" immer dort auf dich warten wird. Fliege hoch in den Himmel, über Bäume, Gewässer und Gebäude, bis du durch die Wände dieses Raumes kommst und auf deinen Platz am Boden zurückkehrst. Spüre deinen Körper auf dem Boden, und nimm die Klänge und Gerüche in diesem Raum wahr. Öffne langsam deine Augen und sei „hier".

Anmerkung: Der Reiseleiter sollte genug Zeit zwischen den Anweisungen lassen, damit die Reisenden die Aufgaben ausführen können.

Anwendung
• Um loszulassen und sich zu entspannen.
• Um das magische „Als ob" zu benutzen.
• Um die Sinne zu schärfen.

„Ein Spaziergang durch den Wald": Falk Berghofer, Asita Djavadi

Foto: © Archie Kent

Energetisierende Übungen

Summen als Gruppe

Liege mit geschlossenen oder verbundenen Augen in der CRP und atme ein. Atme mit geschlossenem Mund aus, und gib einen kleinen Laut von dir, d. h. einen Seufzer. Sei dir bewußt, wo dieser Seufzer in deiner Brust sitzt und wie er zu einem kleinen, ruhigen, privaten Summen werden kann, das in einer tiefen Lage sanft gegen dein Brustbein vibriert.

Singe nicht und kümmere dich auch nicht um einen schönen Klang. Laß den Ton einfach kommen. Wenn die Tonhöhe und der Sitz deines Summens gut eingestellt sind, kannst du den Seufzer weglassen. Summe weiter und steigere dabei das Volumen, bis die Vibration deinen Kopf anfüllt und deinen Torso immer mehr mit einbeziehst. Experimentiere mit verschiedenen Tonhöhen. Höre dabei auf die musikalischen Akkorde, die im Raum entstehen, plaziere deine Töne zwischen die Töne, die du hörst, und schaffe somit neue Akkorde deiner Wahl. Laß deine Lippen sich öffnen, und schicke deinen Klang in den Raum. Halte die Augen weiterhin geschlossen, und laß deine Töne dich allmählich zum Sitzen und dann zum Stehen bringen.

Laß dich von den Tönen, die du hörst, zu einer anderen Person führen. Summe und singe deine Töne, während du Körperkontakt mit deinem Partner aufnimmst. Spürt die Schwingungen Kopf an Kopf, Kopf an Brust, Brust an Brust, Brust an Rücken usw. Sucht euch ein anderes Paar, und summt und singt weiter, nehmt Körperkontakt auf, und werdet zum vibrierenden Vierer. Sucht dann zu viert einen anderen Vierer usw., bis die gesamte Klasse in einer Gruppe zusammengekommen ist und Körperkontakt aufgenommen hat. Die Akkorde schwellen an und schwingen und füllen den ganzen Raum. Auf ein Zeichen flauen die Klänge ab, du öffnest deine Augen, schaust dich um und nimmst Augenkontakt mit den anderen auf. Allmählich findest du einen Weg, dich von ihnen zu trennen und wieder alleine zu sein.

Anwendung

- Um sich emotional immer weiter zu öffnen.
- Um auf organische Weise deine Bruststimme zu finden.
- Um deinen Körper zu entspannen und zu beleben.
- Um besser zuzuhören und deine musikalische Phantasie benutzen zu lernen.
- Um sich gegenseitig durch Berührung zu entdecken.
- Um Befangenheit und Hemmungen zu verlieren, indem du dich auf die Aufgabe konzentrierst und nicht siehst, daß du gesehen wirst.
- Um dich als Teil des Ensembles zu erleben.
- Um zu entdecken, wie du ein Individuum und doch Teil einer Gruppe bist.

Variation

Halte nach dem Summen und dem Gehen durch den Raum an, und werde dir des unmittelbaren Raumes um dich herum (deiner Kinesphäre) bewußt. Stelle dir vor, du wärest in diesem Raum eingekapselt wie in einer Luftblase. Fülle diese Blase mit Klang. Laß den Klang deine Luftblase durch den Raum bewegen, und sei dir der anderen Sphären im Raum bewußt. Passe deine Töne so zwischen die Töne der anderen, daß Akkorde entstehen. Diese Akkorde befinden sich in konstantem Wandel, da neue Töne hinzukommen und andere weggenommen werden. Respektiere die Kinesphäre der anderen, während du dich hin und her bewegst. Benutze deine Klänge, um auf ein Zeichen deines Lehrers die Luftblase zum Platzen zu bringen.

„Sound and Movement" (Laut und Bewegung)

Diese Übung ist die Weiterentwicklung einer Übung von „The Open Theater". Sie wird entweder in einem Kreis oder in zwei sich mit einem Abstand von ungefähr drei oder vier Körperlängen gegenüberstehenden Reihen ausgeführt. Fasse dir ein Herz, und sei der Erste in dieser Übung.
Improvisiere ein abstraktes „Sound and Movement". Es sollte sich um eine nicht geplante, nichts nachahmende Bewegung oder sehr kurze Bewegungsphrase handeln, die sich im Raum fortbewegen kann, während sie stetig wiederholt wird. Sie wird begleitet von ihrem bzw. ihrer gleichzeitig erzeugten und ebenfalls nicht geplanten und nichts nachahmenden Laut bzw. kurzen Lautphrase. Es ist äußerst wichtig, daß weder der Laut noch die Bewegung irgendeinen wörtlichen Inhalt haben, d. h., sie sollten nicht „real" im Sinne einer Handlung sein. Nimm dein „Sound and Movement" mit in den neutralen Raum innerhalb des Kreises oder zwischen den beiden Reihen. Nimm Augenkontakt auf zu einem Gruppenmitglied dir gegenüber. Schicke das „Sound and Movement" durch den Raum zu ihm. Er wird wissen, daß er als Empfänger deiner Kreation gemeint ist, weil du den Augenkontakt mit ihm aufrechterhältst. Dein Partner antwortet dir, indem er dich genau spiegelt (deine rechte Hand ist seine linke Hand usw.). Er übernimmt deine Bewegung und deinen Laut, dein Tempo und deinen Rhythmus, deine Tonhöhe und Dynamik und deinen Gesichtsausdruck. Diese Erfahrung der Paarbildung und des wirklichen Kommunizierens ist extrem wichtig. Wenn du dich gehört und verstanden fühlst, nimm den Platz deines Partners in der Reihe bzw. dem Kreis ein. Du hörst auf, während er dein „Sound and Movement" fortführt. Er nimmt es mit in den neutralen Raum und läßt es ohne Unterbrechung allmählich und organisch zu seinem eigenen „Sound and Movement" werden. Es ist wichtig, dies geschehen zu „lassen" und den Verlauf nicht zu dirigieren. Wenn seine Kreation fertig entwickelt ist, macht er dasselbe wie du: Er etabliert und hält Augenkontakt mit einem anderen Gruppenmitglied und übermittelt ihm das neue „Sound and Movement". Der Prozeß wiederholt sich dann mit dieser Person.
Nachdem jeder mindestens einmal dran war, ist die Gruppe vielleicht bereit für eine Variation: Du stehst in der Reihe bzw. dem Kreis und kreierst dein

„Sound and Movement". Diesmal nimmst du aber Blickkontakt mit *zwei* Menschen auf, die nebeneinander stehen. Ihr drei führt dann *dein* „Sound and Movement" als Trio aus, bis du spürst, daß sie dein Angebot übernommen haben und du dich wie oben zurückziehst. Die zwei bewegen sich nun als Duo mit deinem „Sound and Movement" in den neutralen Raum. Wenn sie den Punkt in der Übung erreicht haben, an dem sie dein „Sound and Movement" organisch transformieren würden, tun sie dies gemeinsam. Allerdings kreiert jeder seine eigene Variation dieser Transformation, so daß ein neues Duett entsteht.

Beide Teile basieren gleichermaßen auf deinem Originalmaterial und sind dennoch deutlich verschieden. Das Duo gibt dann sein Material an zwei andere Mitglieder weiter. Somit sind vier Leute involviert, bis sich das Originalduo wieder in die Reihe bzw. den Kreis eingliedert und das nächste Duo weitermacht. Die Skala der möglichen Variationen ist hier viel größer, da jeder im Duo seine eigene Variation weitergibt. Als Weiterentwicklung kann *jeder* der beiden Partner *zwei* Leute auswählen, so daß für kurze Zeit ein Sextett entsteht. Es wird wieder zum Quartett, wenn die beiden aus dem ersten Duo in die Reihe bzw. den Kreis zurückgehen. Ihr könnt diese Übung ausbauen, bis die ganze Gruppe involviert ist und jede Person ihr eigenes „Sound and Movement" in Beziehung mit den anderen ausführt. Wenn ein Höhepunkt erreicht ist, wird die Gruppe angewiesen, einzufrieren. Die Studenten rufen sich dann gegenseitig beim Namen, singen oder kollabieren einfach auf einem Haufen.

Anwendung
- Um Auge und Ohr zu schärfen.
- Um Hemmungen abzubauen und nicht-alltäglichen Impulsen freien Lauf zu lassen.
- Um organische Entwicklung im Gegensatz zu geplanter Variation zu erleben.
- Um an einer gemeinsamen Kreation und Improvisation teilzunehmen.
- Um gezwungen zu sein, dem Körper und der Stimme neue und ungewöhnliche Gestalten und Formen zu geben.

Ein Spaziergang durch den Wald

Dies ist eine Gruppenübung, bei der alle, bis auf zwei oder drei Personen, die Rolle von Bäumen im Wald übernehmen. Die Bäume stehen fest an einem Platz, und die Personen gehen im Wald spazieren. Diese Variation von „Sound and Movement" brachte uns Leonore Ickstadt (Tanz Tangente Berlin) bei. Die Bäume produzieren Laute, und die Spaziergänger reagieren darauf mit abstrakten oder realistischen Bewegungen.

Wer in diesem Wald spazierengeht, wird bald in den Bereich eines Baumes kommen (bzw. das vorgestellte Wurzelwerk, das von dem Baum ausgeht). Der Baum beginnt, Laute von sich zu geben, vielleicht wiederholt er immer wieder ein Gackern und wechselt dann zu einem tiefen Stöhnen. Solange du dich im Bereich dieses Baumes befindest, werden deine Bewegungen von seinen Lauten bestimmt. Du kannst diesen Raum aber jederzeit verlassen und deinen Spaziergang fortsetzen, bis du den Bereich des nächsten Baumes betrittst, und der gleiche Prozeß beginnt. Manchmal wirst du feststellen, daß du zwei Bäume gleichzeitig aktiviert hast. Spiele damit, daß du auf beide physisch reagierst. Außerdem könntest du entdecken, daß du dich zusammen mit einem anderen Spaziergänger im Bereich eines Baumes befindest. Du kannst entscheiden, ob du auf den Baum solistisch reagieren willst oder ob du dich mit dem anderen Spaziergänger verbinden und gemeinsam ein Duett tanzen möchtest.

Wenn du deine Rolle vom Spaziergänger zum Baum wechseln willst, mußt du nur hinter einen Baum treten, ihn sanft anschubsen, „Mensch" sagen und seinen Platz einnehmen. Du wirst dann zum Baum, gibst Laute von dir, wenn du von einer Person aktiviert wirst und hörst auf damit, wenn die Person deinen Bereich wieder verläßt.

Anwendung
- Um die Phantasie zu befreien und Ideen spontan in Aktion umzusetzen.
- Um das Instrument des Darstellers, d. h. seinen Körper, zu befreien und ihn empfänglicher für Reize zu machen.
- Um ein Ensemble zu kreieren, indem man den äußeren Rahmen für ein Zusammenspiel von Gruppenmitgliedern schafft.
- Um das Stimm- und Bewegungsvokabular zu erweitern.
- Um die Bedeutung nonverbaler Arbeit bei der Entwicklung von Beziehungen, Handlungen und Szenen zu unterstreichen.

Der schwedische Kreis

Der schwedische Kreis (so benannt, weil wir diese Übung von der Opernschule in Göteborg, Schweden, übernommen haben) hat denselben Aufbau wie die Maskenübung (siehe Musical-Theaterspiele und Übungen, s. S. 99), bei der eine Bewegung von einem Studenten zum nächsten im Kreis herum wandert. Die Übung wird zu einer Musik mit starkem, gleichmäßigem Rhythmus (nicht schneller als MM = 72) ausgeführt, wobei jede Bewegung die Dauer einer Zählzeit hat. Du initiierst eine Bewegung auf die erste Zählzeit und verharrst in der Position, die du mit dieser Bewegung eingenommen hast.

Die nächste Person imitiert deine Bewegung auf die zweite Zählzeit und bleibt so. Der Dritte spiegelt sie auf drei und so weiter. Einer nach dem anderen bewegt sich auf die jeweils folgende Zählzeit. Der heikle Teil dieser Übung ist, daß du aussetzt, nachdem die Bewegung einmal im Kreis herum ist, was übrigens erstaunlich schnell geschieht. *Du* wiederholst weder deine alte Bewegung noch initiierst du eine neue.

Du bleibst in der Position, die du während der ersten Runde innehattest, und die Person, die deiner Vorgabe beim ersten Rundgang gefolgt ist, initiiert nun eine neue Bewegung, die wiederum im Kreis herum wandert.

Dieses Mal endet die Bewegung bei dir, und die Reihenfolge überspringt *ihren* Initiator. Die Person, die bei der ersten Runde an dritter Stelle war, wird jetzt etwas Neues beginnen.

Anwendung
- Um die Gruppe zu energetisieren.
- Um die Wachsamkeit und Bereitschaft zu erhöhen.
- Um zu lernen, wie man aus dem Stegreif gut reagiert.
- Um zu lernen, dich auf eine Zählzeit zu bewegen und in einem Zustand der Bereitschaft zu verharren.

Die Stimme, Musik

Die endlose Melodie

Dies ist eine Gehörbildungsübung. Die Gruppe steht in einem Kreis, und ein Student fängt an, indem er ein auf- oder absteigendes Intervall singt. Du, die nächste Person im Kreis, mußt den zweiten Ton der vorigen Person abnehmen. Nimm ihn sofort ab, so daß keine Pause entsteht, und schaffe ein neues Intervall, indem du deinen eigenen zweiten Ton wählst. Die Übung geht beliebig oft im Kreis herum. Es ist entscheidend, daß du ohne langes Zögern, d. h. ohne große „künstlerische" Überlegung, in die Melodie einstimmst, wenn du an der Reihe bist, denn sonst hat die Person vor dir nicht mehr genug Luft, und die Melodie endet vorzeitig.

Anwendung
- Um das Gehör zu schärfen.
- Um spontan musikalisch zu reagieren.
- Um sich die Länge einer Atemphrase bewußt zu machen.
- Um Musik zu „machen", ohne letztlich ihren Wert zu beurteilen.

Anmerkung: Auf Grund der erforderlichen Konzentration, den rein technischen Anforderungen zu genügen, wirkt eine solche Übung beruhigend auf die Studenten. Die resultierende „Melodie" hat keine rhythmische Komponente. Sie ist lediglich eine Folge von Tönen, zu der nacheinander jeder Teilnehmer einen neuen Ton beisteuert.

Gehörbildung (in harmonischen Zusammenhängen)

Die Gruppe einigt sich auf einen Ton. Die Aufgabe ist, den Ton konstant erklingen zu lassen, indem die Atempausen der Sänger gestaffelt werden. Dies muß von den Sängern entweder intuitiv erfaßt oder untereinander signalisiert werden.
Während der Ton gesungen wird, spielt der Pianist eine Reihe von Akkorden jeweils mit einer Fermate und läßt Pausen dazwischen. Der gesungene Ton hat in jedem Akkord eine andere Funktion: Terz, Grundton, übermäßige Quint, vorgehaltene Quart usw. Die Aufgabe des Sängers ist es, sowohl den

Ton zu halten als auch zu erleben, wie sich die verschiedenartigen Funktionen dieses einen Tons anfühlen, wenn sich die harmonischen Zusammenhänge ändern.

Das Ziel ist es, den Studierenden zu verdeutlichen, was „musikalische Richtung" heißt, zum Beispiel, wohin ein Ton in diesem diatonischen System dem harmonischem zusammenhang entsprechend „will".

Anwendung
- Um zu lernen, ein Lied mit einer „musikalischen" Phrasierung der melodischen Linie vorzutragen, einer Phrasierung, in der sich der harmonische Charakter und die „Bedeutung" der Phrase widerspiegeln.

Singen mit einer Aufgabe

Während du ein vorher ausgewähltes Lied singst (mit Begleitung), mußt du eine Aufgabe erfüllen: Die Fensterrahmen im Raum zählen oder die Möbel auf komplizierte Weise neu arrangieren usw.

Es könnte aber auch sein, daß man dir einen Zeitungsartikel laut vorliest und du nach Beendigung deines Liedes eine akkurate Inhaltsangabe des gelesenen Berichts geben sollst. Wenn die Aufgabe länger ist als das Lied, dann: *da capo!* Die Hauptsache ist, daß die Aufgabe erfüllt wird.

Anwendung
- Um zu singen und dabei etwas *zu tun.*
- Um die Konzentration aufzuteilen.
- Um die Konzentration und Aufnahmefähigkeit zu vergrößern.

Kommentare

Der Wert dieser Übung liegt darin, daß sie die Konzentration von der „Aufgabe" des Singens ablenkt und somit dem „Akt" des Singens erlaubt, einfach stattzufinden. Diese Übung setzt voraus, daß die Lieder dem Sänger in Fleisch und Blut übergegangen sind, also automatisch ablaufen.

Die Aufteilung der Konzentration führt oft zu einem völlig entspannten Stimmklang und daraus folgend zu Leichtigkeit und Schönheit in der Phrasierung. Es ist ähnlich wie bei „Zen und die Kunst des Bogenschießens": Das beste Resultat wird durch die Befreiung des Geistes *von* seiner Aufgabe erzielt und nicht durch die gesteigerte Konzentration *auf* die Aufgabe.

Singing out

Nimm einen sicheren Stand ein, die Füße bequem auseinander, das Gesicht zum Publikum. Stelle dir vor, daß du in einem großen Theater von einem starken Spot angestrahlt wirst. „Sing out" (egal ob mit Brust- oder Kopfstimme), als ob du dieses Theater anfüllen wolltest, und versuche, die letzte Reihe des am weitesten entfernten Ranges zu erreichen. Tue dies, ohne zu schreien (was der Stimme schaden würde), sondern indem du die Stimme stützt und sendest. Sei nicht intim (enger Raum, siehe Kapitel III, S. 108) auch wenn das Lied, das du gewählt hast, dies eigentlich erfordern würde. Bewege dich frei und mit übergroßen Bewegungen, um deine Darstellung zu unterstützen.

Anwendung
- Um den „öffentlichen" Akt der Darstellung zu erforschen und zu zelebrieren.
- Um die Stimme zu vergrößern.
- Um die Elemente Fokus und Präsenz in der Stimme herauszukristallisieren und zu ermutigen.
- Um sich des weiten Raumes bewußt zu sein (siehe Kapitel III, S. 108).

Kommentare
Wir nennen dies die Ethel-Merman-Übung. Genauso wie Isometrische Übungen Muskeln durch übertriebenes Anspannen einzelner Körperteile aufbauen können, entwickelt diese Übung den „Darstellungsmuskel", indem sie sich auf dieses unverfrorene, ins Publikum und aufs „Verkaufen" gerichtete Singen konzentriert, das auf der Musicalbühne so oft verlangt wird. Diese Methode sollte auf alle möglichen Lieder angewandt werden, selbst wenn sie unangemessen scheint. Genau wie die ruhige Körperbewegung von den exzessiven Anforderungen der Isometrischen Übungen profitiert, so profitiert auch die ergreifende Ballade, wenn sie dem grellen Schein des „Mermanismus" ausgesetzt ist.

Jamming

„Jamming" ist eine aus dem Jazz übernommene musikalische Übung. Versuche nicht, den Klang bestimmter Instrumente nachzuahmen, benutze die Stimme so wie sie ist und setze „Scat" (das Singen zusammenhangloser Silben) oder abstraktes Vokalisieren ein oder zerlege ein Wort oder einen Satz in seine Klangkomponenten.
Der Pianist spielt eine wiederholbare zwölf- oder achttaktige Blues-Struktur,

und der Leiter gibt vor, wer ein Solo übernehmen soll und wie lange. Die nicht solistisch eingesetzten Stimmen können schweigen, in eine Begleitung einstimmen oder ein „Riff" schaffen. Alle Praktiken des Jazz dürfen angewandt werden: Duette, acht- vier- oder zweitaktige Improvisationswechsel, parallele Improvisationen usw. Von Zeit zu Zeit sollte die Gruppe den Spieß umdrehen und die Piano-Soli begleiten. Dynamik, Folge und Struktur werden vom Leiter vorgegeben. Man kann auch zu einem Standard „jammen" oder, wenn die Klasse fortgeschritten genug ist, zu einem Stück, das sie zum ersten Mal hört.

Anwendung
- Um spontan zu sein und neues stimmliches Territorium zu erforschen.
- Um zuzuhören und von anderen beeinflußt zu werden.
- Um spontan und zusammen mit anderen begleitende („comping") Strukturen und Phrasen zu kreieren.
- Um zu erleben, wie es ist, solistisch zu singen.
- Um das Gehör zu schulen.

Kommentar

Der Zweck dieser Übung ist, die Gruppe in die Freuden des spontanen miteinander Musizierens einzuführen. Zweifellos gibt es große Unterschiede im Werdegang und den Fähigkeiten verschiedener Gruppenmitglieder und darin, wie wohl sie sich bei dieser Art zu Singen fühlen.

Aber zum Teil geht die Übung auch genau darum. Denn diese Arbeit gleicht Unterschiede aus, indem die wirklich kreativen Mitglieder den Novizen ganz neue Möglichkeiten eröffnen. Das Wichtigste aber ist, daß diese Übung immer Spaß macht. Sie sollte nie zu einem Test für irgend etwas ausarten. Danach könnt ihr darüber sprechen, warum bestimmte Soli aufregender bzw. interessanter waren als andere.

Singen aus verschiedenen Gesichtsteilen

Wähle ein Lied. Plaziere deine Stimme, ohne darüber nachzudenken, in verschiedene Gesichtsteile und singe von dort aus. Singe die Strophe aus deinem linken Auge, die erste Hälfte des Refrains aus der Nase und den Rest des Liedes aus unterschiedlichen anderen Gesichtspartien.

Natürlich kannst du nicht wirklich aus deinem linken Auge oder deiner Nase singen. Wenn du dich aber darauf konzentrierst, deine Stimme so zu plazieren, als ob du es könntest, werden dich die Ergebnisse überraschen.

Gleichzeitig sprechen oder singen

Diese Übung trainiert die Kunst des Zuhörens und entwickelt das Gefühl dafür. Dein Partner redet – erzählt eine Anekdote, hält eine Rede oder was auch immer – und du versuchst, denselben Text – so simultan wie möglich – mitzusprechen. Manchmal wird dein Partner absichtlich vor dem Ende eines Satzes oder eines Gedankens aufhören. Du versuchst, zu erraten, was er sagen wollte, und den Gedanken für ihn zu beenden. Ihr könnt diese Übung auch mit musikalischem Material machen, entweder mit improvisierten Liedern oder mit Liedern, die dein Partner kennt und du nicht. In diesem Fall mußt du zusätzlich ein Gespür für die musikalische Logik und Richtung der Phrase haben, während du versuchst, die unterbrochene Linie zu beenden.

„Doppelspiegel in drei Gruppen": Marc Basiner, Eva Thärichen, Markus Düllmann, Asita Djavadi, Michael Chadim, Mischa Mang, Karim Khawatmi, Falk Berghofer, Birge Funke

Foto: © Archie Kent

Bewegung, Tanz

Spiegeln

Etwas spiegeln heißt, etwas reflektieren. In der einfachsten Form ist diese Übung ein Bewegungs- oder ein Tanzduett. Du stehst deinem Partner gegenüber. Du spiegelst (kopierst) jede Bewegung, die dein Partner macht, indem du dich zur gleichen Zeit wie er, mit der gleichen Geschwindigkeit, dem gleichen, aber „reflektierten" Körperteil und derselben Intensität und Emotion bewegst. Auf ein Zeichen wechselt ihr die Aufgaben: Du initiierst jetzt die Bewegung, und dein Partner kopiert, was du tust. Sei dir bewußt, daß dein Partner dich leichter spiegeln kann, wenn du dich mit moderater bis langsamer

Geschwindigkeit und allmählichen Veränderungen bewegst. Solltest du dich schneller und/oder mit plötzlichen Änderungen bewegen, benutze Wiederholungen, so daß ein vorhersehbares, rhythmisches Bewegungsmuster entsteht.

Anmerkung: Dies ist eine weitere unserer Basisübungen, und sie hat viele Variationen, entweder für sich genommen oder als Element in einer anderen Übung.

Anwendung
- Um zu lernen, wie man eine Bewegung sieht und sofort wiederholt, ohne weiter darüber nachzudenken und somit ohne verzögerte Reaktionszeit.
- Um Einfühlungsvermögen zu entwickeln, indem man „in den Schuhen des anderen tanzt".

Als Kopierender bist du das Spiegelbild deines Partners. Wenn er also seinen rechten Arm bewegt, bewegst du deinen linken Arm. Als Initiator schaust du in einen Spiegel und siehst dein Spiegelbild.

Der Doppelspiegel

Diese Übungsform bzw. Technik wurde von Marian Chace kreiert, einer der Gründerinnen der Tanz- und Bewegungstherapie in den Vereinigten Staaten. Sie ermöglicht die Entwicklung eines sich stetig wandelnden, immer unterschiedlichen Gruppentanzes.

Doppelspiegel heißt sie, weil die gesamte Gruppe den Anführer spiegelt, während dieser wiederum ein Gruppenmitglied spiegelt. Der Tanz kann in Stille oder zu einer Musik beginnen, welche die Stimmung der Gruppe reflektiert. Er kann aus der jeweiligen Position der Beteiligten oder aus der eher formalen Struktur des Kreises heraus beginnen. Wenn man auf einem zu hohen Energielevel anfängt, könnte dies entmutigend oder abstoßend auf die wirken, deren Energielevel zu Beginn erheblich niedriger ist. Auf dem niedrigsten Level zu beginnen, könnte dagegen für alle anderen betäubend oder langweilig sein.

Der Anführer schaut sich im Kreis um und entscheidet sich, eine Bewegung oder Geste zu spiegeln, die sich als Reaktion auf die Musik oder zufällig ereignet. Er wählt die Bewegung, deren Energie am zweitniedrigsten ist und wiederholt sie mehrere Male, während die Gruppe ihn spiegelt.

Der Anführer achtet auf kleine, aber signifikante Bewegungsvariationen der Teilnehmer, nimmt diese Ideen auf und gibt sie an die Gruppe weiter. Da sich jede Bewegung nur wenig von der vorigen unterscheidet und sie mehrfach wiederholt wird, erscheint uns dieser Gruppentanz wie ein konstantes, fließendes Ausströmen von Energie. Die Dynamik des Tanzes hängt von der Ausdauer der Gruppe ab. Gespiegelt werden kann eine Bewegung, eine Pose, ein Gesichtsausdruck, eine Stimmung oder Dynamik oder alles gleichzeitig. Der Anführer darf auch Ideen anbieten, die einen größeren und andersartigen Einsatz des Körpers im Raum erlauben, d.h., er kann eine Bewegung erst mit der rechten und dann mit der linken Hand ausführen, oder erst nach links und dann nach rechts oder den Kreis bewegen oder den Kreis überhaupt verlassen.

Die Übung findet entweder nonverbal statt oder der Anführer entscheidet sich, die Anweisungen verbal zu geben. Er könnte zum Beispiel klären, in welche Richtung oder mit welcher Hand die Gruppe sich bewegen soll. Er könnte die Quelle der Bewegung nennen oder zum Singen ermutigen. Er könnte Einzelne oder die Gruppe zu Antworten bewegen, indem er fragt, welche Erinnerungen durch eine bestimmte Geste hervorgerufen werden, oder er kann das Entstehen einer Schauspielimprovisation in der Gruppe unterstützen. Die verbalen Anweisungen oder Fragen des Anführers werden nicht von der Gruppe gespiegelt.

Oft bekommt der Tanz nach einer Weile ein Eigenleben und wird zur freien Gruppenimprovisation. Es ist dann die Aufgabe des Anführers, herauszufinden, wann und wie er die Übung zu einem Ende bringt oder sie in eine neue Übung überleitet.

Anmerkung: Wenn ihr im Kreis tanzt, bewegen sich alle auf derselben Seite und in dieselbe Richtung. Der Anführer kann jederzeit die Gruppe anweisen, sich im Kreis an den Händen zu halten.

Anwendung

- Um ein Ensemble zu schaffen, d. h. eine Gruppe von Leuten, die sensibel und wachsam miteinander umgehen und genügend Erfahrungen gemeinsam gemacht haben, um gleichzeitig als Individuen und als eine einzige, lebende, atmende Einheit funktionieren zu können.
- Um zu lernen, wie man exakt widerspiegelt, indem man sich kleine Unterschiede bewußt macht. Das heißt: Sehen lernen.
- Um zu lernen, dem Moment zu vertrauen, und in der Lage zu sein, Ideen von anderen aufzunehmen und darauf aufzubauen.
- Um die schnelle Aufnahmefähigkeit zu trainieren.
- Um zu lernen, zwei Dinge auf einmal zu tun: Bewegen und Zuschauen bzw. sich selbst und der anderen bewußt zu sein.
- Um Ausdauer aufzubauen. Um einfach weiterzumachen.
- Um sich zu energetisieren und zu entspannen.

Embleme

Selbstporträt

Male mit Bleistiften, Buntstiften, Magic Markers oder Farbe dein Selbstporträt, so wie du dich erlebst. Es kann realistisch oder abstrakt (expressionistisch) sein. Wenn das Porträt realistisch ist, male deinen ganzen Körper.
Nachdem ihr alle diese Aufgabe ausgeführt habt, kommt ihr in einem Kreis zusammen. Nacheinander zeigt jeder Student sein Porträt in allen Einzelheiten und beschreibt und erklärt, was die dargestellten Elemente für ihn bedeuten. Die Gruppe kann zu dem Porträt Fragen stellen, muß aber Bewertungen oder Analysen vermeiden. Eine Person schreibt auf, was jeder Einzelne über sein Porträt sagt. Dieses Gesamtprotokoll wird dem „Künstler" dann wiederum vorgelesen, und er entnimmt den einen Satz oder Gedanken, der in seinen Augen die Essenz dieser Erfahrung ausdrückt.

Ein Emblem schaffen

Bei den folgenden Treffen vertont jeder Student mit Hilfe des Pianisten seinen Kernsatz oder -gedanken. Er kreiert für diese Worte eine musikalische Phrase, komplett mit Harmonien und Begleitung, die stetig, also in einer Schleife, wiederholt werden kann.
Zu dieser gesungenen Phrase choreographiert der Student dann eine Tanzphrase. Auch diese sollte so gebaut sein, daß sie stetig wiederholt werden und er sich dabei vom Platz bewegen kann. Die gesungene und getanzte Phrase nennen wir das Emblem des Studenten.
Jeder Student bringt sein Emblem der ganzen Klasse bei. Die Mitstudenten führen dann das Emblem einzeln auf der Diagonale, im Raum singend und tanzend vor, begleitet vom Pianisten. Der Student/Lehrer beobachtet und korrigiert nötigenfalls die Choreographie und Darstellung seines Materials.

Anwendung
- Um das Selbstbild und Selbstempfinden jedes Studenten für die Gruppe, die Lehrer und ihn selbst offen zu legen.
- Um ein besseres Verständnis füreinander und gegenseitige Wertschätzung zu erreichen.
- Um das Ensemble zu schaffen.
- Um zu lernen, wie man einen bedeutungsvollen musikalischen Moment schreibt, komponiert und choreographiert, indem man es einfach tut.
- Um in der Lage zu sein, deine Aktivitäten (und auch andere Momente) zu analysieren, so daß er beigebracht und/oder gelernt werden kann.
- Um in der Lage zu sein, die Vorgaben exakt zu sehen, zu hören und zu spiegeln und anderen dabei zu helfen.

- Um konstruktive Kritik zu geben und zu bekommen.
- Um eine Form zu kreieren, die dein Selbst ausdrückt. Um so, wie du bist, unterstützt zu werden und um andere darin zu unterstützen, wie sie sind.

Variationen

1. Kreiere fünf Tanzvariationen auf das Emblemthema. Variiere die Richtung, das Tempo, die Ebene, den Körperteil oder die Dynamik. Stelle eine Dreh- oder Sprungkombination oder benutze die Antriebsaktionen oder Formveränderungen (siehe Kapitel IV, S. 150 ff.).

2. Die Gruppe improvisiert über das, was sich am Tag ihrer Zulassungsprüfung für diesen Studiengang ereignete, wie sie sich das erste Mal in den Umkleideräumen begegneten und auf ihren Auftritt warteten.

Der Pianist improvisiert währenddessen frei. An verschiedenen Stellen seiner musikalischen Improvisationen geht er in das Emblem eines jeden Studenten über. Er spielt dieses Emblem mindestens zweimal hintereinander, um sicherzugehen, daß der Student seinen Einsatz hört. Dieser führt daraufhin sein Emblem ein paarmal mit Begleitung aus und benutzt dabei das Originalemblem und so viele Variationen davon (siehe oben), wie er wünscht. Es entsteht ein privater, unrealistischer Moment (oder „Inside", siehe Darstellungsübungen, S. 106).

Die anderen Studenten steigen nicht mit ein und nehmen auch nichts davon wahr, sie bleiben in ihrer „normalen", „realen" Außenwelt. Nach der Darstellung des Emblems, kehrt der Student zurück in diese „Outside"-Welt und vereint sich wieder mit seinen Klassenkameraden, während der Pianist die freie musikalische Improvisation fortsetzt. Nachdem alle Studenten ihre Emblem-Momente hatten, wird die Gruppe zur Audition hereingerufen. Jeder Student nennt seinen Namen, führt sein Emblem als „reales" Audition-Stück vor, und bewegt sich dabei durch die Diagonale. Am Ende dieser Variation macht es natürlich Spaß, ihnen zu sagen, daß sie alle zum Studiengang zugelassen werden, was ja auch wahr ist.

3. Die Gruppe improvisiert mit allen Emblemen und Variationen gleichzeitig und in Bezug zueinander. Physischer Kontakt und das Tanzen miteinander werden ermutigt.

Anwendung
- Um zu lernen, wie man dieses Tanzthema mit Variationen choreographiert und vorführt (1. Variation).
- Um in der Lage zu sein, deine Konzentration aufzuteilen: du führst eine Schauspielimprovisation aus und hörst auf deinen musikalischen Einsatz.
- Um zu lernen, den musikalischen Moment als „Inside" zu benutzen (2. Variation)
- Um eine Gruppentanz-Improvisation zu kreieren (3. Variation).

Authentische Bewegung

Der Begriff Authentische Bewegung wurde von Mary Whitehouse, einer in Kalifornien arbeitenden Tanz- und Bewegungstherapeutin, geprägt. Sie entwickelte auch diese Technik.

Bei der Authentischen Bewegung gibt es den Zeugen und den Sich-Bewegenden. Der Zeuge sieht, und der Sich-Bewegende wird gesehen. Der Sich-Bewegende bewegt, und der Zeuge wird bewegt. Die Bewegung des Sich-Bewegenden ist authentisch, wenn sie einfach, unvermeidlich und nicht gelernt ist, wenn sie von einem inneren Impuls herrührt und der aufrichtige Ausdruck der Gedanken, Bilder und Körperempfindungen dieser Person ist.

Die Gruppe wird in Paare aus Sich-Bewegenden und Zeugen aufgeteilt. Alle Sich-Bewegenden bewegen sich ungefähr zwanzig Minuten lang gleichzeitig und jeder hat dabei seinen Partner zum Zeugen.

Als Sich-Bewegender arbeitest du mit geschlossenen oder verbundenen Augen. Du sollst deine Bewegungen weder planen noch choreographieren oder diese Übung als Tanz ansehen. Sie sind der spontane Ausdruck deines Zustands. Du kannst alleine arbeiten oder die, die sich mit dir bewegen, wahrnehmen, indem du Körperkontakt mit ihnen aufnimmst. Nach zwanzig Minuten wird euch der Lehrer bitten, diesen Teil der Übung zu einem Ende zu bringen, und du sprichst mit deinem Partner ungefähr zehn Minuten über diese Erfahrung. Du, als Sich-Bewegender, sprichst zuerst. Nachdem dein Partner gesprochen hat, tauscht ihr die Rollen.

Anmerkung: Es ist sowohl für den Sich-Bewegenden als auch für den Zeugen wichtig, sich selbst und den anderen zu akzeptieren, nicht zu beurteilen und bewertende Kommentare, wie „Du hättest", „gut" oder „schlecht" zu vermeiden. Sollte der Zeuge eine Interpretation anbieten oder eine subjektive Reaktion als objektive „Wahrheit" darstellen wollen, fragt er zuerst den Sich-Bewegenden, ob dieser das hören möchte, oder er formuliert die Aussage als Frage.

Variation: Alle bewegen sich gleichzeitig mit geöffneten Augen.

Anwendung

Als Sich-Bewegender

• Um dich freizumachen von dem Bedürfnis, einem anderen zu gefallen.
• Um dich zu entspannen und Impulsen nachzugeben, ohne sie zu zensieren.
• Um ein freundliches Publikum zu entdecken, das dich in jedem Fall akzeptiert, und um zu erfahren, daß du dieses Publikum nicht fürchten mußt.
• Um dich selbst zu überraschen und dir Freude zu machen.

Als Zeuge
- Um in der Lage zu sein, zuzuschauen und von einem anderen „bewegt" zu werden.
- Um zu lernen, *objektiv,* aber nicht kritisch, zu sein und/oder *subjektiv* und verantwortlich für deine eigenen Reaktionen.
- Um in der Lage zu sein, dich auf deinen Partner zu konzentrieren und dich später daran zu erinnern, was du gesehen hast.

Zeitlupe und Ausbruch

Dies ist eine Aufwärmübung. Sie beginnt damit, daß alle gleichzeitig ein Solo in Zeitlupe tanzen. Das natürliche, mit der Atmung einhergehende Auf und Ab der Energie wird verleugnet, wenn man stetig in Zeitlupe tanzt. Es ist wie die Luft anhalten: Zuerst kann es beruhigend wirken, nach einer Weile wird es jedoch unangenehm.

Improvisiere bei dieser Übung in Zeitlupe, mit geöffneten Augen und in Stille, bis du fühlst, daß du die Energie, die sich in dir aufgestaut hat, ausstoßen mußt. Laß sie ausbrechen und bewege dich frei, bis du dich wieder bereit fühlst, in deinen kontrollierten Zeitlupentanz zurückzukehren. Du darfst deine Energie während des Ausbruchs auch stimmlich ausdrücken. Wiederhole die Zeitlupenbewegung und den Ausbruch, so wie du es empfindest.

Finde auf Anweisung des Lehrers einen Partner, und nimm Körperkontakt mit ihm auf. Setze die Übung fort, und halte dabei stets durch einen Körperteil Kontakt mit deinem Partner, während ihr euch in Zeitlupe bewegt. Berührst du zum Beispiel die Schulter deines Partners, könntest du danach deine Wange gegen seinen Rücken legen und dich dann drehen, um Rücken an Rücken mit ihm zu sein usw., alles natürlich ganz langsam. Breche aus und entferne dich von deinem Partner, wenn du mußt, und kehre dann wieder zurück. Auch hier soll dies *deinem* eigenen Empfinden gemäß geschehen. Fahrt fort mit eurem Duett, bis der Lehrer euch sagt, daß ihr die Übung zu einem Abschluß bringen sollt.

Anmerkung: Denkt daran, euch im Raum zu bewegen, während ihr den Körperkontakt mit eurem Partner aufrecht erhaltet. Wir haben übrigens entdeckt, daß es für einige Menschen sehr angenehm ist, sich in Zeitlupe zu bewegen, und sie kein Bedürfnis verspüren, auszubrechen.

Anwendung
- Für den Luxus, durch Zeitlupenbewegung seinen Körper im Raum zu entdecken.

- Um die Bedeutung des Atems als Grundlage für Phrasierung und Dynamik zu entdecken.
- Um das Geben und Nehmen von Gewicht zu spüren, wenn du dich langsam mit einem Partner bewegst.
- Um die Zeit und das nötige Gefühl von Sicherheit zu haben, um eine Beziehung aufzubauen, die auch sexueller Natur sein kann.
- Um eine intime Liebesszene zu spielen.

Übungen aus anderen Quellen

Alexander-Technik

F. Matthias Alexander war ein australischer Schauspieler. Er entwickelte eine Technik, die ihn und später auch andere davor schützte, die Stimme in Folge unsachgemäßer Körperhaltung und Streß zu verlieren. Wir lehren Alexanders Direktiven, die natürliche Ausrichtung des Körpers zuzulassen, in Verbindung mit der Constructive Rest Position (CRP) und benutzen zusätzlich eine Übung aus Deborah Caplans Buch „Back Trouble". Mrs. Caplan ist Physiotherapeutin und Lehrerin der Alexander-Technik. Sie lebt und arbeitet in New York City. Die Übung besteht aus folgender Bewegungsreihe:

1. Gehe aus dem Stand in ein *Grand plié* (tiefe Kniebeuge) in der ersten Position, den Rücken lang und nach vorne geneigt, die Fingerspitzen vor dir auf dem Boden.
2. Bewege dich immer noch mit geradem Rücken auf allen vieren vorwärts (auf Händen und Knien).
3. Mache sechs Schritte auf deinen Knien vor und sechs Schritte auf deinen Knien zurück.
4. Gehe in eine „Salam"-Position, sitze hinten auf deinen Fersen, die Stirn am Boden, die Arme ausgestreckt, wobei die Knie und Hände dort auf dem Boden bleiben, wo sie nach dem letzten Schritt waren. Atme fünfmal tief in deinen unteren Rücken.
5. Rolle dich auf deinen Rücken, die Knie bleiben auf der Brust. Lege deine Hände auf deine Knie, und führe deine Knie in kleinen Kreisen fünfmal weg von einander und fünfmal zueinander.
6. In unserer Version gehst du jetzt in die CRP (siehe Entspannungsübungen, S. 53) und bleibst da ungefähr fünf bis zehn Minuten.
7. Rolle dich auf alle viere (auf Hände und Knie).
8. Setze dich zurück in die „Salam"-Position.
9. Öffne die Knie, stelle die Zehen auf und benutze deine Hände, um gegen den Boden zu drücken und in ein *Grand plié* (tiefe Kniebeuge) in der ersten Position zurückzukehren.

10. Erhebe dich zum Stand, und gehe durch den Raum.

Wenn du diese Abfolge gelernt hast, summe und singe lange Brust- und Kopftöne und vokalisiere, während du dich durch die Übung bewegst.

Anwendung
- Um den entspannten und doch energetisierten Zustand zu erleben, der durch die Anwendung dieser Technik ermöglicht wird.
- Um zu lernen, nur die Muskeln einzusetzen, die nötig sind, um Klang zu erzeugen und zu plazieren.
- Um zu lernen, wie man die rückwärtige Nackenmuskulatur verlängert, die Stimmbänder entlastet und beim Singen vom Bauch und Becken stützt.
- Um die Länge und Weite des Körpers zu erfahren, indem du dich durch diese Übung bewegst, und um dann diese Körperempfindung auf eine natürliche Aktivität wie das Gehen zu übertragen.

Feldenkrais-Methode

Moshe Feldenkrais war ein israelischer Arzt, dessen sanfte Übungen vielen Unfallopfern – aber auch Darstellern – geholfen haben, die für Bewegungsmuster und den täglichen Umgang mit den Muskeln verantwortlichen Schaltkreise des Gehirns neu zu programmieren. Beschreibungen dieser Übungen kann man in seinem Buch „Bewußtheit durch Bewegung" finden.

Wir benutzen eine seiner Atemübungen und fügen dann unsere eigenen Techniken hinzu, um unseren Sängern die Resonanzräume des Kopfes und der Brust bewußt zu machen und ihnen dabei behilflich zu sein, ihren Stimmsitz so einzustellen, daß sie diese Räume aktivieren und einen vollen Ton erzeugen können. Bei der Feldenkraisübung wird der Student angewiesen, den Atem vor dem Ausatmen zweimal vom Bauch zur Brust und zurück zum Bauch zu schaukeln. Dies wird vier- oder fünfmal wiederholt. Er wird dann angewiesen, den Atem zweimal diagonal hin- und herzubewegen, von der linken Hüfte zur rechten Schulter und von der rechten Hüfte zur linken Schulter. Auch dies wird vier- oder fünfmal auf jeder Seite wiederholt. Durch die Isolation von Bauch und Brust und die Kontrolle des Atemflusses dazwischen lernt der Student, vom Zwerchfell zu stützen, tief einzuatmen und einen Ton zu halten. Er ist auch eher in der Lage, die beiden Register Brust- und Kopfstimme einzusetzen.

Bioenergetik

Diese Form der Psychotherapie wurde von Alexander Lowen, einem amerikanischen Psychiater entwickelt. Er benutzte in seiner Therapie unter anderem Übungen für die direkte Arbeit am Körper, die er in seinem Buch „Bio-Energetik" beschrieb.

Wir lehren nur eine seiner Übungen, „Grounding" („Erden"), um den Energiefluß im Körper zu befreien, dadurch Verspannungen zu lösen und den Darsteller zu energetisieren. Vor allem für Sänger ist es wichtig, Energie durch den Bauch, das Becken und die Beine nach unten in den Boden fließen zu lassen. Der Sich-Erdende steht in einem *Plié* einwärts, die Zehen befinden sich in einer Linie mit den Achselhöhlen. Er nimmt die Position eines Bogens ein, indem er sich von der Mitte seiner Füße zu den Schultern vorwölbt, wobei die Schultern in einer Linie über den Fersen bleiben. Sein Kinn zeigt zur Brust, die Augen sind offen und der Blick ist direkt auf Augenhöhe nach vorne gerichtet. Der Kiefer ist entspannt und der Mund geöffnet, um besser Atemholen zu können. Die Hände sind zu Fäusten geballt und werden gegen den unteren Rücken gepreßt, um die Brust für eine bessere Atmung zu weiten und zu öffnen. Der Sich-Erdende atmet tief und füllt seinen Körper mit Luft. Im Ausatmen spürt er eine wachsende Erregung durch seinen Körper branden und schickt sie bewußt nach unten, Richtung Boden. Wenn die Energie fließt, vibriert der ganze Körper von alleine, wie ein gut eingestellter Motor. Er läßt es einfach geschehen. Die durch diese Übung erzeugten positiven Gefühle und gesammelte Vitalität können das Lampenfieber vor einer Vorstellung in positive Energie umwandeln.

Das Grotowskische Theaterlaboratorium
Die Katze

Die Katze ist sowohl eine Übung für sich als auch die erste in einer Reihe von Übungen. Die gesamte Reihe wurde der Einfachheit halber „Die Katze" genannt. Sie kam durch Jerzy Grotowski, den polnischen Theaterregisseur, zum „Open Theater". Die Übungsreihe besteht aus der Katze, dem Schulterstand, dem Hohen Turm, der Kerze, dem Niedrigen Turm, dem Kopfstand, dem Zeitlupengang im Raum mit Rolle vorwärts und rückwärts und der Ganzkörperan- und entspannung.

Diese Übung bringt den Darsteller in Kontakt mit seinen aggressiven Impulsen und animalischen Instinkten. Sie ist ein komplettes Aufwärmtraining für den Körper und erfordert einiges an Kraft, Ausdauer, Balance, Agilität und Mut. Wenn diese Eigenschaften bei einem Studenten unterentwickelt sind, kann die Arbeit mit dieser Übung helfen, sie zu entwickeln.

Anmerkung: Eine Beschreibung dieser Übungsreihe findet sich in „A Book On The Open Theater" von Robert Pasolli.

The Open Theater
Wir haben die folgende Übung und andere in diesem Buch erwähnte Übun-

gen zum ersten Mal bei unserer Arbeit im „The Open Theater" und „The Winter Project" mit Joseph Chaiken, Lee Worley und Jacques Levy kennengelernt.

Der Ausschüttler

Der Ausschüttler ist eine Partnerübung. Sie dauert eine bis eineinhalb Stunden, damit beide Partner sie durchführen können. Dein Partner liegt mit dem Rücken auf dem Boden, die Augen geschlossen, die Arme an seiner Seite. Er läßt dich die ganze Arbeit machen und erlaubt seinem Körper, schwer zu sein. Stelle dich so, daß du mit Leichtigkeit seine rechte Hand mit deiner rechten Hand anheben kannst. Während du sie senkrecht zu seiner rechten Schulter hältst, schüttelst du seinen rechten Arm und befreist so das Schultergelenk. Wenn nötig, benutze deine beiden Hände, um seine Ellbogen- und Handgelenke und all die kleinen Fingergelenke zu lockern. Massiere und schüttle erst den einen Arm und dann den anderen. Gehe jetzt zum Kopf und Hals deines Partners über. Massiere seine Nackenmuskulatur. Nimm das volle Gewicht des Kopfes deines Partners in deine Hände, und bewege seinen Kopf langsam vor und zurück, von einer Seite zur anderen und in einem Kreis. Lege ihn sanft zurück auf den Boden. Dann massierst und schüttelst du von den Füßen aufwärts die unteren Gliedmaßen deines Partners. Arbeite an den Muskeln und Gelenken. Danach arbeitest du an seinem Torso. Schließe auch die Taille in deine Massage mit ein, indem du sie hin- und herdrehst. Nachdem du mit der Vorderseite des Körpers fertig bist, drehe deinen Partner um, und arbeite an seiner Rückseite vom Kopf bis zu den Zehen. Nimm zum Abschluß beide Handflächen, und klopfe leicht aber nachdrücklich über den ganzen Körper. Laß deinen Partner einen Moment ausruhen, und wechselt dann die Plätze.

Anmerkung: Wenn du einmal angefangen hast, an deinem Partner zu arbeiten, bleibe in Körperkontakt mit ihm bis die Übung beendet ist, und sei es nur durch die Berührung einer Fingerspitze. Es steht dir frei, zu experimentieren und deine eigenen Techniken in dieser Übung anzuwenden. Eine Beschreibung dieser Übung kann in dem Buch über „The Open Theater" gefunden werden. Wenn du noch keine Erfahrung mit einer Massage hast, lasse dich zuerst massieren, bevor du es selbst machst. Du bist während einer Massage für den körperlichen Zustand des anderen verantwortlich.

Anwendung
- Um eine Beziehung zwischen dir und deinem Partner aufzubauen und um physische Intimität zuzulassen.
- Um festzustellen, was sich gut für dich anfühlt und was dir hilft, loszulassen, und dann in der Lage zu sein, genau das deinem Partner zu geben.
- Um fähig zu sein, dein Gewicht abzugeben und deinem Partner zu vertrauen.

„Ein Aufwärmtraining für den Körper": Falk Berghofer (Übung 2),
Marc Basiner (Übung 4)   Foto: © Archie Kent

Ein Aufwärmtraining für den Körper

Es folgt eine Reihe von sanften Dehnungsübungen für den unteren Rücken:
1. Liege auf dem Rücken, die Knie angebeugt und parallel, die Fußsohlen auf
   dem Boden, die Arme über dem Kopf auf dem Boden ruhend. Drücke dein
   Kreuz gegen den Boden, verlängere dabei deinen unteren Rücken und mache eine kleine Contraction in der Beckengegend, so daß dein Bauch sich
   eher aushöhlt als aufwölbt und hervorsteht. Halte die Position fünf langsame Zählzeiten lang, und lasse sie dann wieder los. Wiederhole dies zwanzigmal.
2. Drücke dein Kreuz gegen den Boden, und halte es während dieser Übung
   da. Schwinge dein rechtes Knie hoch zu deiner Brust. Laß es sich leicht ausdrehen zu einer entspannten *Attitude*. Spüre die Lockerheit in deinen Hüftgelenkpfannen, wenn dein Bein hochschwingt und dann in seine Ausgangsposition mit gebeugten Knien und den Füßen am Boden zurückkehrt. Drücke dich so mit deinem Fuß ab, daß dieser mit gestreckten Zehen
   in die *Attitude* geht, und arbeite wieder durch deinen Fuß, wenn er sich
   flach an den Boden drückt, genau wie du es beim Springen machen wür-

dest. Wiederhole das je zwanzigmal mit deinem rechten und deinem linken Bein.

3. Führe beide Knie zur Brust, und umarme sie. Entspanne deinen Kopf, deinen Hals und deine Schultern. Spüre die Länge deiner Wirbelsäule und die Weite deines Torsos am Boden. Halte die Position langsame fünf Zählzeiten, und lasse sie dann wieder los. Wiederhole das zehnmal mit einem Einatmen bei der Entspannung und einem Ausatmen bei der Umarmung.

4. Umarme mit beiden Armen dein rechtes Knie auf der Brust. Halte es da, so hoch und so nahe bei dir, wie du kannst. Mache mit deinem linken Bein ein *Dévelopé*, und senke es gestreckt auf den Boden. Je nach Dehnung deines Hüftlenden-Muskels (Iliopsas) wird sich dein Bein leicht auf den Boden senken lassen oder du wirst eine Spannung im Oberschenkel spüren, die dich daran hindert. Schummele nicht, indem du dein linkes Knie beugst, so daß die linke Ferse den Boden berührt. Lockere auch nicht den Griff an deinem angewinkelten rechten Bein. Laß die Schwerkraft deinen Hüftlenden-Muskel (Iliopsas) ausdehnen, so daß dein ganzes linkes Bein gestreckt bleibt und sich langsam von alleine zum Boden senkt. Du wirst dir der Dehnung zwischen dem gehaltenen und dem sich ausstreckenden Bein bewußt. Umfasse dann deinen rechten Knöchel mit beiden Händen, und hebe den Unterschenkel deines rechten Beines an, so daß dein rechter Knöchel über deinem rechten Knie ist. Vertiefe mit geflextem Fuß die Beuge im Knie und, während das Knie bleibt, wo es ist, strecke erst den Fuß und dann das Bein so weit wie möglich. Wiederhole dies (Flex und anbeugen, gestreckt und strecken) insgesamt zwanzigmal, vertiefe jedesmal die Dehnung. Nachdem du das letzte Mal den Fuß und dann das Bein gestreckt hast, strecke dein rechtes Bein aus, verlängere es und senke es zum Boden. Führe beide Knie wieder zu deiner Brust. Umarme jetzt dein linkes Knie auf deiner Brust, und wiederhole die Übung auf deiner linken Seite.

5. Führe beide Knie zu deiner Brust. Strecke deine Arme rechts und links von dir auf Schulterhöhe aus, die Handflächen liegen auf dem Boden. Halte beide Knie zusammen, und laß sie langsam nach rechts fallen bis dein rechter Oberschenkel auf dem Boden ruht. Behalte *beide* Schultern am Boden, während du das machst. Du wirst eine Verdrehung in der Taille und eine Dehnung zwischen deiner linken Schulter und deinem linken Knie spüren. Bringe deine Beine zurück zu deiner Brust, und wiederhole das ganze nach links. Wiederhole die Übung auf beiden Seiten.

6. „*Curl-ups*". Liege auf deinem Rücken mit den Fußsohlen auf dem Boden, die Hände hinter dem Kopf, die Ellbogen beidseitig gebeugt, das Kinn leicht nach oben und der Blick zur Decke. Drücke dein Kreuz gegen den Boden, hebe deinen Oberkörper ungefähr acht bis zehn Zentimeter vom

Boden an und halte ihn da zwei langsame Zählzeiten. Löse deine Bauchmuskeln, und laß deinen Oberkörper sich *in Richtung des Bodens*, jedoch *nicht ganz* bis auf den Boden senken. Wiederhole dies dreißigmal.

7. Gehe in obige Ausgangsposition und berühre in schnellem Wechsel dein linkes Knie mit deinem rechten Ellbogen und dein rechtes Knie mit deinem linken Ellbogen. Wiederhole das zwanzigmal, ohne die Anspannung in deinen Bauchmuskeln zu lösen. Kehre wieder zur Ausgangsposition zurück. Drücke dein Kreuz auf den Boden und bringe deinen rechten Ellbogen zu deinem linken Knie. Löse deine Bauchmuskeln, und laß deinen Oberkörper und deinen linken Fuß zurückkehren zum Boden. Wiederhole das auf der anderen Seite, so daß sich jetzt der linke Ellbogen und das rechte Knie treffen. Wechsle insgesamt zwanzigmal.

8. Balanciere auf deinem Steißbein, der Torso ist nach hinten geneigt, die Arme befinden sich in der zweiten Position, die Knie sind gebeugt und die Zehen sind gestreckt und berühren den Boden. Bringe deine Knie zur Brust. Mache ein *Dévélopé*, und beuge sie wieder – zwanzigmal.

9. Nachdem du das zwanzigste Mal mit deinen Zehen den Boden berührt hast, laß dein Gewicht nach vorne fallen, und öffne deine Beine in die zweite Position. Beuge dich nach vorne, strecke die Brust zum Boden. Laß die Schwerkraft die Brust so nah wie möglich an den Boden bringen. Federe nicht, sondern laß die Schwerkraft die Arbeit für dich machen, um deine Dehnfähigkeit zu verbessern. Dehne über deinem linken Bein, strecke deine Brust zu deinem Knie und kehre in die Mitte zurück. Dehne dann über deinem rechten Bein, und kehre in die Mitte zurück. Führe die Dehnungen aus, die du gelernt hast und die dir guttun. Nimm dir viel Zeit und sprich dabei mit deinen Muskeln, sage ihnen, sie sollen schmelzen und loslassen.

10. Beuge dein rechtes Knie an, und führe deine Ferse dicht an deinen Schritt. Lehne dich nach vorne, um die Beuge in deinem Hüftgelenk zu verstärken, und laß dein angewinkeltes Knie ausdrehen und zum Boden fallen. Lehne dich als nächstes zurück auf deine Hände, um den Oberschenkel-Hüftwinkel zu öffnen. Wechsle und wiederhole das ganze auf deiner linken Seite.

11. Du sitzt in der vierten Position mit dem rechten Knie vorne und läßt die Außenseiten deines Fußes und deines Beines auf dem Boden ruhen. Lehne dich mit geradem Rücken nach vorne, die Ellbogen angewinkelt, die Hände auf beiden Seiten deines rechten Knies am Boden, das Gewicht auf deiner rechten Gesäßhälfte. Strecke dein linkes Bein hinter dir zu einer *Arabesque* aus, ohne dabei Gewicht auf deiner linken Ferse am Boden hinter dir zu spüren. Laß deine linke Hüfte vorne. Entspanne und strecke dein Bein zwanzigmal, wechsle dann und wiederhole alles auf der anderen Seite.

Collage „6M3F": Michael Chadim, Falk Berghofer, Uli Scherbel, Karim Khawatmi,
Mischa Mang, Markus Düllmann, Birge Funke, Eva Thärichen, Asita Djavadi

Foto: © Michael Sondern

12. Stehe auf, und begebe dich in einen sehr tiefen Ausfallschritt, das rechte
Bein vorne, das linke hinten. Dein Gewicht verteilt sich auf die Fußsohle
deines rechten Fußes (rechtes Knie gebeugt), die obere bzw. Ballengegend
deines linken Fußes (linkes Bein lang, Knie gestreckt, Fuß eher gestreckt
als flex) und deine beiden Händen, die rechts und links von deinem rechten Fuß auf dem Boden in einer Linie mit deinen Hüften plaziert sind. Laß
dein Becken vorne. Vertiefe den Ausfallschritt, indem du die rechte Ferse
ganz wenig anhebst und dann wieder senkst. Mache das zwanzigmal.
Wechsle und wiederhole alles auf der anderen Seite.

Anwendung
• Um den Körper zu dehnen und zu zentrieren, zu entspannen und zu
energetisieren als Vorbereitung für jegliche physische Arbeit inklusive einer Vorstellung.
• Um die Bauchmuskeln, die den unteren Rücken stützen, zu stärken.
• Um den Hüftlenden-Muskel (Iliopsas) auszudehnen als Hilfe gegen Lor-
dose bzw. Hohlkreuz.

Musical-Theaterspiele und Übungen

Das Lied finden (1)

Zwei Studenten bekommen eine Rahmenhandlung vorgegeben, innerhalb derer sie improvisieren sollen. Sie begeben sich auf die Suche nach dem Moment, in dem ein Lied angebracht oder unvermeidlich ist. Dies könnte an der Stelle der Improvisation sein, an der Gefühle so intensiv werden, daß sie nur durch Musik ausgedrückt werden können.

Die Studenten könnten aber auch die Brechtsche Methode anwenden, ihre „Rolle" verlassen und als Kommentar zu den Vorgängen in der Szene direkt zum Publikum singen. In beiden Fällen ist die Aufgabe, zu entdecken, wann und wie Musik eine Rolle spielt.

Ein Beispiel: Zwei Verliebte, die ungefähr ein Jahr lang eine Wohnung geteilt haben, sind unterschiedlicher Meinung darüber, wie die Beziehung weitergehen soll. Eines Abends schlägst du deiner Liebsten beim Abendessen vor, zu heiraten. Sie reagiert zurückweisend und möchte, daß die Dinge so bleiben, wie sie sind. Improvisiert weiter in der Szene und fahndet die ganze Zeit nach dem richtigen Moment für ein Lied. Wenn du meinst, ihn gefunden zu haben, fange einfach an zu singen.

Der Pianist wird in deine musikalische Improvisation einsteigen, und ihr kreiert gemeinsam ein Lied, ohne euch den Kopf über solche Feinheiten wie Reime zu zerbrechen. Deine Partnerin könnte in ein Duett mit dir einstimmen oder warten, bis dein Lied beendet ist, bevor sie dir mit ihrem eigenen improvisierten Lied oder mit Worten antwortet.

Anwendung
- Um zu verstehen, wie ein Lied in einer Szene funktioniert.
- Um auf dem *Qui vive* nach dem richtigen Moment für die Musik zu sein.
- Um Musik im dramatischen Fluß zu benutzen und nahtlos vom Sprechen zum Lied überzugehen.
- Um den Unterschied zwischen Singen mit der vierten Wand und ohne dieselbe zu erleben.

Das Lied finden (2)

Dies ist eine Partnerimprovisation. Dein Partner und danach du werdet von einer dritten Partei herumgewirbelt und dann losgelassen. Als Ergebnis dieses Schleuderns findet ihr euch in überraschenden, unvorbereiteten Körperhaltungen wieder und „friert ein". In unmittelbarer Reaktion auf diese Haltungen beginnt ihr, bestimmte Annahmen darüber zu machen, wer ihr seid, wo ihr seid und was ihr macht. Wer zuerst spricht, definiert den Ort, die Tätigkeit und eure Beziehung.

Wenn dein Partner zuerst beginnt, *mußt* du seinen Festlegungen und Annahmen folgen und sofort deine Impulse so ändern bzw. modifizieren, daß sie mit den seinigen zu vereinbaren sind. Zum Beispiel: Resultierend aus der gekrümmten Haltung, in der du gelandet bist, nachdem du herumgewirbelt und losgelassen wurdest, hast du dich dafür entschieden, ein Jäger auf Bärenjagd zu sein. Dein Partner, der auf dem Rücken liegend am Boden gelandet ist, hat jedoch entschieden, daß er in einer Autowerkstatt ist, unter einem Lastwagen liegt und Reparaturarbeiten macht.

Wenn dein Partner zuerst spricht und sagt: „Hey, Kumpel! Reichste mir mal den Sechs-Millimeter-Schraubenschlüssel?", darfst du nicht antworten: „Ruhe! Du verscheuchst den Bären – außerdem gibt's keinen Schraubenschlüssel hier im Wald!". Du mußt vielmehr spontan deine Annahmen ändern, den Wald vergessen und antworten: „Immer mit der Ruhe, ich schau ja schon danach! Ich habe ihn genau da auf dem Boden liegen lassen." Während ihr gegenseitig auf den Antworten des anderen aufbaut, entwickelt sich die Szene allmählich und mögliche Spannungen, die der Situation innewohnen, beginnen sich herauszuschälen und zu wachsen.

An diesem Punkt kommst du zur eigentlichen Aufgabe in dieser Übung – das Lied bzw. die Lieder in der Szene zu finden. Du prüfst und testest das dramatische Knochengerüst der Szene auf der Suche nach dem Moment, in dem das Lied kommen muß, vielleicht um zum Höhepunkt zu führen oder um den Höhepunkt zu verlängern oder als Kommentar zum Ergebnis oder zur Auflösung. Welche dieser Möglichkeiten auch immer auftaucht, es passiert Folgendes: Entweder dein Partner oder du oder ihr beide gemeinsam beginnt, eine Improvisation, ein nicht existentes Lied, zu singen, und der Pianist wird dir bzw. euch folgen und gemeinsam mit dir bzw. euch das Lied kreieren und entwickeln. Diese Improvisation kann aus Soli und/oder Duetten bestehen. Ihr müßt entscheiden, ob das Lied die Szene abschließen soll oder nicht.

Anwendung
• Um deinen Körper eine Rolle und Aktivität in einer Improvisation vorschlagen zu lassen.

- Um die Vorgaben eines anderen zu akzeptieren.
- Um die Plazierung und Funktion eines Liedes in einer Szene zu würdigen.
- Um aus einem Impuls heraus zu singen, ohne sich um die „künstlerische" Dimension des Liedes zu kümmern.
- Um zwei Herren gleichzeitig zu dienen: der Dramaturgie und der Musik.

Kommentare

Dies ist eine der Übungen, die komplizierter klingen als sie sind. Selbst in ihren „Verfehlungen" ist sie immer noch lehrreich, weil sie die Probleme des Aufbaus einer Szene und der Plazierung des Liedes deutlich macht. Eines wird sofort offensichtlich: es verlangt viel Energie, diese Szenen voranzutreiben – und ohne Antrieb werden sie nicht funktionieren. Es besteht die Gefahr, in eine Opernparodie zu verfallen, und das sollte vermieden werden.

Variationen

Beide Partner wählen vor Beginn jeweils ein veröffentlichtes Lied aus und benutzen es als ihr Gesangsmaterial während der Improvisation. Diese Übung wird genauso ausgeführt wie die obige nur ohne Klavierbegleitung.

Eine Variation für drei Improvisierende: Wenn einer von euch beginnt, ein veröffentlichtes Lied zu singen, stimmen die anderen beiden in dieses Lied mit ein. Ihr werdet ein Terzett singen und euer eigenes Arrangement improvisieren. Das Terzett kann begleitet werden.

Anwendung
- Um beim Singen die Inhalte eurer Liedtexte als Dialog zu benutzen.
- Um ein Terzett zu kreieren.

Die Szene als Duett

In dieser Übung erforschen wir Gesang als ein Mittel, Informationen und/oder eine innere Einstellung einem anderen Schauspieler oder direkt dem Publikum mitzuteilen.

Dein Partner und du habt unabhängig voneinander ein Lied gewählt. Ein Ort – eine Bar, ein Waschsalon, ein Operationssaal – wird euch dann vorgegeben. Ihr beschließt, wer zuerst singt, und trefft so wenig *a priori*-Entscheidungen wie möglich bezüglich dem Wer, Was und Warum.

Jeder von euch singt dann sein Lied mit Begleitung direkt zu seinem Partner. Konzentriere dich intensiv auf den Liedtext als Information, damit die szenischen und dramatischen Details aus dem Lied hervorgehen und nicht das

Lied aus der Szene. Versuche, den Textinhalt so zwingend wie möglich in dieser Situation zu machen, ganz egal wie weit hergeholt das sein mag. Nachdem dein Partner entsprechend geantwortet hat, hört der Pianist auf zu spielen, und ihr beide fahrt mit der improvisierten Szene fort, indem ihr den „Dialog" auf *a capella* gesungene Fragmente eurer jeweiligen Lieder begrenzt.

Diese Übung führt zu einem neuen Verständnis des Duetts als Theater, berührt aber auch Themen, wie: Phrasierungen voneinander abnehmen, unterschiedliches Material gleichzeitig singen und eine Kadenz oder einen Schluß bilden. Manchmal ist es in dieser Arbeit am besten, das Lied als „Inside" (siehe S. 106 in diesem Abschnitt) zu behandeln.

Anwendung
- Um neuen Respekt vor dem dramatischen Gehalt und Potential von Liedtexten zu gewinnen.
- Um die dramatischen Dimensionen eines Liedes zu erforschen und neue Möglichkeiten in altem Material zu entdecken.
- Um sich während des Singens auf das Erforschen und Improvisieren zu konzentrieren.

Kommentar

Ein mögliches „Wo" für diese Übung könnte das Innere eines Flugzeugs sein. Es spielen ein Mann und eine Frau mit. Der Mann hat gewählt, ein Passagier zu sein, der auf eine Schlechtwetterzone panisch reagiert. Er singt BRING IHN HEIM aus „Les Miserables". Die Frau übernimmt die Rolle einer Stewardeß und versucht, ihn mit BIG SPENDER aus „Sweet Charity" von seiner schrecklichen Angst zu befreien. Wie oben bereits angedeutet, wußte keiner der Teilnehmer, was Inhalt der Szene sein würde, als sie ihr Lied auswählten.

Lieder in unerwarteten Zusammenhängen

Du hast ein Lied ausgewählt, die Noten dem Pianisten gegeben und singst jetzt dein Lied mit Klavierbegleitung. Ein anderer Student, der sich gleichzeitig mit dir freiwillig gemeldet hatte, betritt den Bühnenraum und improvisiert eine Szene, indem er mit Worten und Taten das „Wo" kreiert, in dem ihr beide euch befindet, und verdeutlicht, was er von dir will.

Du singst dein Lied weiter, aber innerhalb des Zusammenhangs der entstandenen Szene, d. h. als singender Schauspieler. Wenn der Lehrer/Regisseur findet, daß die Beziehung zwischen euch etabliert ist, kann er weitere Schauspieler auf die Bühne schicken, um einen Konflikt zu schaffen oder zu intensivieren. Er wird den neu hinzukommenden Schauspielern ein „Wer" und ein „Ich will" zuordnen. Du singst weiter, wiederholst das Lied, wenn nötig, bis es zu einer Lösung oder einem Nachlassen des Konflikts kommt.

> **Anwendung**
> • Um als Darsteller spontan auf neue Informationen zu reagieren.
> • Um neue Möglichkeiten in altbekanntem Material zu entdecken.
> • Um ein Lied auf „schauspielerische" Art und Weise zu benutzen.

Kommentare

Hier ist ein Beispiel für diese Übung: Eine Frau singt ICH HAB GETRÄUMT VOR LANGER ZEIT aus „Les Miserables". Eine andere Frau kommt hustend und mit Brechreiz herein, legt sich auf den Boden und ruft nach einer Krankenschwester. Die Sängerin singt weiter und beginnt, sich um die Patientin am Boden zu kümmern. Der Regisseur schickt einen Studenten auf die Bühne und sagt ihm, daß dies ein Universitätskrankenhaus ist, und er ein Arzt ist, der seine Runde macht. Dann erklärt der Regisseur drei weitere Studenten zu Assistenzärzten, die mit dem ausbildenden Arzt die Runde machen. Sie alle behandeln die Patientin distanziert, nüchtern und aufdringlich.

Die Sängerin erregt sich über diese schlechte Behandlung der kranken Person und singt, ihren Ärger ausdrückend, mit viel Gefühl. Der Arzt möchte die Patientin zu einigen Untersuchungen schicken. Die Sängerin/Krankenschwester protestiert mit Hilfe ihres Liedes. Obwohl die Patientin sehr krank ist, entfernen die Assistenzärzte die Krankenschwester mit Gewalt und deren Lied endet. Der Arzt spricht mit der Patientin, die darum bittet, daß man der Krankenschwester erlaubt, mit zu den Untersuchungen zu kommen. Der Arzt willigt ein, die Krankenschwester kehrt zurück, und die Szene endet.

Der Abwesende anwesend

Dies ist eine ganz einfache, aber überraschend wirkungsvolle Übung. Du sitzt deinem Partner mit geringem Abstand (eineinhalb bis zwei Meter) gegenüber. Einer von euch ist aktiv, der andere passiv. Wenn du der aktive Partner bist, hast du vorher ein Lied ausgewählt und beschreibst jetzt in allen Einzelheiten einen Menschen, der einen entscheidenden Einfluß auf dein Leben hatte. Du sprichst laut und hältst dabei Augenkontakt mit deinem Partner. Während du die Beschreibung fortsetzt, plazierst oder stülpst du die „erinnerte" Figur auf den Körper und das Gesicht des passiven Partners. Es ist wichtig, daß du in der zweiten Person und nicht in der dritten sprichst. Zum Beispiel: „Du hast rotes, schulterlanges Haar" (auch wenn die tatsächlich dir gegenüber sitzende Person kurzes, blondes Haar hat und vielleicht sogar vom anderen Geschlecht ist). Du fährst auf diese Art fort, bis der „Erinnerte" so vollständig wie möglich wiedererschaffen wurde. An diesem Punkt kann der Lehrer/Regisseur weitere Fragen stellen, wie zum Beispiel: „Wie fühlen sich die Hände dieser Person in deinen an?" oder „Kannst du ihn riechen?" oder „Hat diese Person dich jemals geküßt/gehalten/geschlagen?" usw., alles in der Absicht, die Erinnerung an und Gegenwart des „Erinnerten" für den „Sich-Erinnernden" zu intensivieren. Der passive Partner bleibt genau das – eine weiße Leinwand, auf die der „Erinnerte" projiziert wird. Er sollte in keiner Weise reagieren oder in das Geschehen eingreifen, er ist einfach da und hält die ganze Zeit über den Augenkontakt mit dir aufrecht. Als Vorbereitung auf den nächsten Schritt (das Lied singen), wird dich der Lehrer fragen: „Gibt es etwas, das du dieser Person nie gesagt hast und ihr jetzt gerne sagen möchtest?" Wenn dies abgeschlossen ist, spielt der Pianist einen einleitenden Akkord, und du singst jetzt *zu* dem „Erinnerten" dein Lied, minimal und *colla voce* begleitet vom Pianisten. Du solltest nicht versuchen, das Lied vorzutragen, und der Pianist sollte auch keinen vollen Klaviersatz spielen; eine skelettartige, nicht rhythmische *pianissimo-Begleitung* mit Akkorden („comping") ist ausreichend. Sehr häufig hat dieses Lied eine Gefühlsaufwallung von solch enormer und verblüffender Intensität zur Folge, daß der Sänger zeitweilig sogar die Stimme verliert oder den Text vergißt. Es ist sehr wichtig, egal wie, zum Ende des Liedes zu kommen und nicht aufzugeben. Dem Sänger steht es auch frei, aufzustehen und zum Partner zu gehen oder ihn zu berühren oder sich einfach nur frei im Raum zu bewegen. Meistens führt diese Übung zu Tränen, manchmal aber auch zu Wut oder Freude. Nach dem Lied sollte der Lehrer/Regisseur den Sänger fragen: „Brauchst du irgend etwas von deinem Partner?" Häufig wird nach ausgedehntem Umarmen und Streicheln verlangt, und es ist ratsam, einen ausreichenden Vorrat an Kleenex zur Hand zu haben. Diese Übung kann so bewegend sein, daß die ganze Klasse nur vom Zuschauen zu Tränen gerührt ist.

Anwendung

Für den aktiven Partner

- Eine Einführung in die Arbeit mit „Sense memory" (sensorisches Gedächtnis/Erinnerung).
- Um jemanden mit intensiver emotionaler Beteiligung direkt anzusingen.
- Um den öffentlichen Ausdruck starker Gefühle zu überleben und einzusetzen.
- Um ein Liebeslied zu singen und dazu zu stehen.

Für den passiven Partner

- Um einfach für jemanden dazusein, ohne irgendwelche Forderungen zu stellen.

Von einer persönlichen Anekdote zu „Sound and Movement"

Erinnere dich an etwas von Bedeutung, das du erst kürzlich erlebt hast, und berichte es in einem erzählerischen, nicht besonders dramatischen Stil der Gruppe. Es steht dir frei, so viel oder so wenig von dieser Erinnerung mitzuteilen, wie du möchtest. In dem Moment oder den Momenten, in denen du durch diese Erzählung einer besonderen Emotion gewahr wirst, verlasse die erzählende Form und verleihe dieser Emotion durch ein abstraktes „Sound and Movement" nonverbal Ausdruck (siehe Energetisierende Übungen, S. 69). Wiederhole die Phrase mindestens fünfmal. Dies kann sich entweder am Ende und/oder in der Mitte deiner Anekdote ereignen. Die Phrase ist in keiner Weise eine Illustration der Situation, die du beschreibst, sie spiegelt eher deinen gegenwärtigen emotionalen Zustand wider, während du uns deine Erinnerung mitteilst. Du solltest diesen Ausbruch weder bearbeiten noch verkürzen, er dauert so lange, wie er eben dauert. Beschreibe deine Gefühle danach nicht mit Worten, dein „Sound and Movement" hat bereits alles gesagt. Nachdem du es zu Ende ausgeführt hast, entscheidest du, ob du mit deiner Geschichte fortfahren möchtest oder nicht.

Anmerkung: Wir machen diese Übung gerne kurz nach den Weihnachts-/Neujahrsferien und beschränken die Anekdoten auf die gerade zurückliegenden Festtage.

Anwendung
- Um das Hin und Her zwischen einer erzählerischen, undramatischen und einer abstrakten, expressionistischen Ausdrucksweise zu erforschen.
- Um dich zu öffnen und dir zu erlauben, extreme, spontan aufwallende Emotionen auszudrücken.

Kommentare
Eine Variante wäre, die Gruppe einsteigen und das „Sound and Movement" spiegeln zu lassen. Dies verstärkt und vergrößert den Ausdruck des Erzählers und schafft eine etwas rituelle Übung, wobei die Grenze zwischen Erzähler und Zuhörern verschwimmt. Obwohl Gesang nicht zu dieser Übung gehört, ist es lehrreich, den Erzähler gleich nach der Übung singen zu lassen, um das, was gerade aktiviert wurde, produktiv zu nutzen.

Masken

Dies ist eine weitere Übung aus dem rituellen, nicht-literarischen Theater der Sechziger. Sie war eine der Basisübungen von „The Open Theater". Wir benutzen die folgenden zwei Varianten als Aufwärmübungen für das Original. Die Gruppe steht in einem Kreis, und die Person, die anfängt, zieht ein Gesicht und verzerrt dabei die Gesichtsmuskeln zu einer übertriebenen und unbequemen Maske. Jeder im Kreis spiegelt diese Maske. Dann macht die zweite Person ihre Maske, und alle spiegeln diese. Jeder im Kreis kommt einmal an die Reihe. Zwischen den Masken entspannen alle ihre Gesichtsmuskeln wieder, kehren zu einem Alltagsgesicht zurück und massieren das Gesicht, wenn nötig. In der nächsten Variation macht die erste Person eine Maske und zeigt sie der zweiten Person, die diese spiegelt. Während die erste Person ihre Maske aufgibt und zu einem Alltagsgesicht zurückkehrt, formt die zweite Person die Maske zu ihrer eigenen um und gibt diese an die dritte Person weiter. Auch diese Übung geht einmal ganz im Kreis herum. Es folgt die Originalübung, die aus einer Reihe von Einheiten aus fünf Zählzeiten besteht. Sie hat ihre eigenen Variationen, und die gesamte Übung mit Variationen steigert sich in ihrer Intensität und Bandbreite.

Während der Leiter langsam auf fünf zählt, laß deine Gesichtsmuskeln sich entspannen. Gib deine alltägliche Maske auf und gelange bei Null an, einem nicht gekünstelten, nichts andeutenden Gesicht. In der folgenden kurzen Pause, laß dir einen Satz einfallen. Einige Beispiele sind: „Ich bin so hungrig!", „Mir fällt gar nichts ein!", „Verdammter Taxifahrer!", „Was für ein schöner Tag!" usw. Sage diesen Satz auf die nächsten fünf Zählzeiten immer wieder vor dich hin. Laß dabei den Satz und die Emotion, die ihn veranlaßt hat, sowie die Emotion, die von ihm ausgelöst wird, die Entstehung und das Aufrechterhalten einer Maske nähren, die diesen Zustand oder diese Verfassung ausdrückt. Denke daran, daß die Maske ein verzerrter, übertriebener, extremer Ausdruck deiner Gefühle ist. Auf die nächsten fünf Zählzeiten zeige die Maske im Kreis herum. Sage weiterhin den Satz vor dich hin. Auf die letzten fünf Zählzeiten laß die Maske fallen und kehre zu deinem Alltagsgesicht zurück. Benutze alle zur Verfügung stehenden Zählzeiten, um diese Wechsel zu bewirken: vom Alltäglichen zu Null, von Null zur Maske, das Zeigen der Maske im Kreis und von der Maske zum Alltäglichen.

Eine Variation: Wenn die Maske steht, nimm fünf Zählzeiten zusätzlich, damit die von dem Satz genährte Emotion auf deinen ganzen Körper übergehen kann. Das heißt, du wirst die lebende Statue deines Satzes. Während der nächsten fünf Zählzeiten zeige diese Statue im Kreis herum. Kehre dann mit fünf Zählzeiten, um deinen Körper zu entspannen, und fünf Zählzeiten, um dein Gesicht loszulassen, zurück in die Normalität.

Eine andere Variation: Nachdem du auf zehn Zählzeiten deine Maske/Statue erstellt hast, bewege sie im Kreis herum, stehe jeder Person einzeln gegenüber und nimm Augenkontakt auf, während du deinen Satz sagst. Wenn du den Kreis beendet hast und zu deinem Platz im Kreis zurückgekehrt bist, sage deinen Satz noch einmal in deinem Masken-/Statuen-Zustand. Kehre mit zehn Zählzeiten in die Normalität zurück, und sage den Satz dann noch einmal „normal".

Die letzte Variation beinhaltet das Bewegen der Masken/Statuen im Raum. Während sich alle durch den Raum bewegen, sagen sie sich gegenseitig ihre Sätze und interagieren in Paaren oder kleinen Gruppen. Kehrt am Ende dieser Variation in zehn Zählzeiten in die Normalität zurück, und sagt eure Sätze als Dialog, d. h. in Gesprächsform. Dies kann wiederum zu einer Schauspielimprovisation führen, die auf der durch diesen „Dialog" entstandenen Interaktion basiert.

Anmerkung: Eine andere Möglichkeit ist, die Gruppe aufzuteilen und der einen Hälfte den Satz „Bleibe bei mir" und der anderen „Geh weg von mir" zu geben. Laß die Gruppen diese Sätze in einer Maskenübung benutzen, die Gesicht, Körper und freies Bewegen im Raum beinhaltet. Die Gruppen interagieren und erlauben dem Konflikt, sich aufzubauen. Die Sätze und der aus ihnen resultierende Konflikt werden sehr viel Intensität aus der Mehrfachbesetzung und dem entstehenden „Team"-Geist gewinnen.

Anwendung
- Um das Gesicht zu beleben und die Ausdrucksmöglichkeiten des Gesichts zu erweitern.
- Als Vorbereitung für die Arbeit mit von der Musik oder dem Lied vorgegebenen zeitlichen Begrenzungen.
- Um schnelles Denken und sofortige Reaktion zu lernen.
- Um zu lernen, wie man „larger than life", also für die Bühne arbeitet.
- Um zu lernen, wie man organisch mit dem Körper arbeitet und ohne Zensur oder Überlegung den Impulsen des Körpers folgt.
- Als Einführung zu „Singen mit neuer Information" (siehe Darstellungsübungen; S. 113).
- Als Einführung zu „Inside/Outside" (s. Seite 106), d. h., als Einführung in die Bewußtheit über unsere verschiedenen Gesichter, die wir der Welt zeigen und die unsere inneren Gedanken und Gefühle und deren Intensität enthüllen oder verbergen können, sogar vor uns selbst.

Das Auswechselspiel

Die Klasse ist in zwei Gruppen aufgeteilt, und jede hat ihren eigenen Coach/Regisseur. Es folgt eine Improvisation für zwei Schauspieler, in der die vorgegebene Situation ziemlich offen und neutral sein sollte, zum Beispiel: Zwei Leute in einem Zugabteil. Auch die Rollenzuweisung ist allgemein, nicht zu festgelegt, zum Beispiel: Einer ist jung, der andere in mittleren Jahren. Jede Gruppe wird sich mit einer der Charaktere beschäftigen. Die Gruppen treffen sich unabhängig voneinander und diskutieren verschiedene Elemente ihrer Rolle wie zum Beispiel Geschichte, soziale Klasse, Bestimmungsort usw., ohne daß sie diese Information der anderen Gruppe mitteilen.

Die Improvisation beginnt mit einem Repräsentanten von jeder Gruppe. Während die Improvisation sich entwickelt, schickt der Coach/Regisseur andere Studenten auf die Bühne, um den Schauspieler ihres jeweiligen Teams abzulösen. Diese Ersatzspieler müssen die Szene genau dort fortsetzen, wohin sie sich entwickelt hat, und dürfen die „Vorgaben" und Intentionen der Rollencharaktere nicht radikal ändern. Natürlich wird die Szene, da neue Schauspieler eingesetzt werden, auf subtile und faszinierende Weise ständig ihre Richtung ändern. Das Auswechseln kann mitten in einem Satz stattfinden oder wenn die Szene durchhängt oder, im Gegenteil, am Höhepunkt einer Konfrontation. Das Wichtige ist, daß die nicht spielenden Mitglieder der Gruppe genauso in die Arbeit involviert sind wie die spielenden Mitglieder, da sie ja jederzeit zum Mitmachen aufgerufen werden können. Wenn sie einspringen, müssen sie an genau derselben Stelle innerhalb der Szene sein wie der „Schauspieler", in derselben physischen Haltung, mit demselben Energielevel, und sie müssen der Logik, der Dramaturgie und dem Fluß der Szene bis zu diesem Punkt gefolgt sein. Danach, in der allgemeinen Diskussion, können die Studenten äußern, ob sie das Gefühl hatten, daß ihr Ersatz ihrer Intention zuwider gehandelt oder sie unterstützt hat und wie die Szene sich in Richtungen entwickelt hat, die ihnen gefallen oder sie enttäuscht haben. Die Ersatzspieler werden unabhängig voneinander in die Szene geschickt, so daß ein Schauspieler aus der Gruppe A mit einem neuen Schauspieler (Ersatz) aus der Gruppe B weiterspielen kann.

Anwendung
- Um mit höchster Aufmerksamkeit zu arbeiten.
- Um Einsicht in Gruppendynamik zu gewinnen.
- Um Verantwortung für deine Arbeit zu übernehmen und, im Gegenzug, die Arbeit anderer zu respektieren.
- Um die vielen Möglichkeiten, die einer Rolle innewohnen, zu erforschen.

Kommentare
Am Ende dieser Improvisation können beide „Teams" in ihrer Gesamtheit in die Szene geschickt werden, und die als Ensembles agierenden Gruppen verkörpern dann eine vervielfachte Ausgabe ihrer Rolle. Somit stehen alle Mitglieder der Gruppe A (von denen jeder seine eigene Facette des Rollencharakters spielt) einem ähnlich vielgesichtigen Porträt der anderen Rolle ge-

genüber. Dies funktioniert am besten am Spannungshöhepunkt der Improvisation. Eine besonders gut gelungene Improvisation hatte folgende Konstellation: Gruppe A, die einen jungen, asozialen „Skinhead" spielte, war gezwungen, ein Zugabteil mit dem „Liberalen" mittleren Alters der Gruppe B zu teilen, der gerade von einem Besuch des Konzentrationslagers in Dachau zurückkam. Die vielen Ebenen des Zusammenspiels, die durch diese multiple Besetzung ermöglicht wurden, führte zu erstaunlichen Lösungen des dramatischen Konflikts, da jeder „Charakter" durch die schiere Anzahl an Stärke gewann, während gleichzeitig jedes Teammitglied seinen eigenen einzigartigen Standpunkt beibehielt.

Emotionen spiegeln

Dies ist eine Spiegelübung in der Gruppe. Es gibt einen Anführer, den die Gruppe spiegelt, aber im Gegensatz zu anderen Spiegelübungen wird hier in erster Linie die Emotion gespiegelt. Die Bewegung, der Dialog und der Inhalt können, müssen aber nicht gespiegelt werden. Vor Beginn erstellt der Anführer (der Lehrer oder ein Student) eine Liste von Emotionen, auf die er sich während der Übung bezieht, so daß er keine Emotion wiederholt und auch keine während der Übung vergißt, denn dies würde den Fluß der Improvisation unterbrechen. Die Liste könnte Liebe, Begierde, Traurigkeit, Ärger, Furcht, Haß, Neid und Freude in beliebiger Reihenfolge enthalten.

Wenn du der Anführer bist, beginnst du mit der ersten Emotion auf deiner Liste und erweckst die Emotion in dir, indem du sie in deinem Körper lokalisierst. Du könntest Liebe als ein Aufschwellen des Herzens erfahren, das sich in deine Kehle ausbreitet, dich zum Weinen bringen möchte, aber ein Lächeln hervorruft. Schicke diese Emotion stark und direkt mit Intensität und Klarheit zu jemandem in der Gruppe. Laß Worte und Bewegungen die Gefühle, die in deinem Körper präsent sind, ausdrücken. Dein Partner spiegelt die Emotion, reagiert mit Worten und Taten, und es entsteht eine Miniszene. Dies wird sich auch in einer größeren Gruppe ereignen, wenn jeder die Emotion Liebe spiegelt und gleichzeitig mit dem Objekt oder den Objekten seiner Zuneigung interagiert. Um eine Szene zu kreieren, muß die Emotion ein Objekt haben, in einen Zusammenhang gestellt werden (Wer ist beteiligt, wo findet sie statt und was passiert?), und du mußt eine Aktion oder Intention haben (Was willst du?). Bei dem Beispiel Liebe könnte ich dich umarmen wollen.

Während sich die Szene entwickelt, denke an die nächste Emotion, und laß diese die Entscheidungen, die du triffst, bestimmen. Ist die nächste Emotion Begierde, könnte sie zum Liebesspiel mit demselben Partner führen. Wenn die nächste Emotion Traurigkeit ist, mußt du vielleicht deinen Geliebten ver-

lassen, obwohl du lieber bei ihm bleiben würdest usw. Nachdem du alle Emotionen auf deiner Liste einmal eingesetzt hast, finde einen Weg, die gesamte Übung zu einer Auflösung zu bringen.

Anmerkung: Der Anführer sollte die Emotionsliste immer zur Hand haben, so daß er sich, falls nötig, darauf beziehen kann. Die Gruppenmitglieder müssen mit geteilter Aufmerksamkeit arbeiten, da sie improvisieren, während sie sich ständig über die Emotionen des Anführers bewußt sein müssen und darüber, wann diese Emotionen wechseln. „The Open Theater" nannte dies eine „Conductor"-Übung (conductor = Leiter, Schaffner, Dirigent).

Anwendung

- Um die Auswahl an Emotionen zu vergrößern und die Skala der Schauspielmöglichkeiten für junge Schauspieler zu erweitern.
- Um ein Ensemble zu schaffen, d. h. eine Gruppe von Darstellern, die sensibel aufeinander reagieren und miteinander vertraut sind.
- Um mit geteilter Aufmerksamkeit zu arbeiten, einer Notwendigkeit auf der Musicalbühne.
- Um mit erhöhter Wahrnehmung sich selbst, dem Partner, der Dramaturgie und dem Dirigenten gegenüber zu arbeiten.
- Um dramatische „Impulse" in einer Szene zu erleben.

„Von einer persönlichen Anekdote zum Lied mit Partner": Falk Berghofer,
Karim Khawatmi

Fotos: © Archie Kent

Von einer persönlichen Anekdote zum Lied mit Partner

Bei dieser Übung geht es um Fokus und direkten intimen Kontakt. Wähle ein
Lied und einen Partner. Dein Partner wählt ebenfalls ein Lied aus. Ihr gebt
beide eure Noten dem Pianisten. Stellt zwei Stühle mit einem Abstand von
ungefähr zwei Metern gegenüber auf und setzt euch hin. Der Lehrer/Regis-
seur nennt dir ein Lebensalter aus deiner Vergangenheit, und du versuchst,
dich eines bedeutungsvollen Vorfalls aus dieser Zeit zu erinnern. Erzähle diesen Vorfall deinem Partner, während ihr beide intensiven Augenkontakt miteinander haltet. Laß allen Gefühlen, die während deiner Erzählung auftau-
chen, freien Lauf, bleibe jedoch sitzen und für dich. Nachdem die Geschichte beendet ist, singe dein Lied auf dieselbe konzentrierte, intime Art, in der
du die Geschichte erzählt hast und aus demselben emotionalen Zustand heraus, in dem du geendet hast. Singe deinen Partner direkt an. Trage das Lied
nicht der Gruppe vor. Nachdem du dein Lied beendet hast, wird dein Partner dich mit den Gefühlen ansingen, die du in ihm mit deiner Erinnerung und

deinem Lied hervorgerufen hast. Es steht ihm frei, sich vom Stuhl wegzubewegen und zu dir zu kommen oder im Raum herumzuwandern, dich zu berühren oder sich in eine abgeschiedene Ecke zurückzuziehen. Er kann dem dienen, was er als deine Bedürfnisse ansieht oder seinen eigenen Bedürfnissen treu bleiben.

Anwendung
- Um in einem emotionalen Zustand einen Partner direkt anzusingen.
- Um die vierte Wand zu respektieren.
- Um bekanntes Material auf neue und unvorbereitete Art und Weise zu singen.
- Um dir selbst die Freiheit zu gestatten, ehrlich und spontan auf die Arbeit deines Partners zu reagieren.

„Inside/Outside" (Innen/Außen)

Nach außen, „Outside", ist alles in Ordnung, wir verhalten uns höflich und mit Anstand, das Leben ist gut, und wir sind es auch. Innen, „Inside", ist alles ein einziger Schlamassel, wir schreien Obszönitäten und attackieren lüstern die Gemahlin unseres besten Freundes, das Leben ist verrottet, und wir sind es auch. Dies sind zwei Beispiele für die vielen in dieser „Open Theater"-Übung möglichen Extreme. Das Gesicht, das wir der Öffentlichkeit zeigen, und das zivilisierte Benehmen, das wir gelernt haben, nennen wir „Outside". Wenn wir den Zensor entfernen und den Gedanken und Gefühlen, die in uns lebendig sind, Raum geben, gehen wir in die „Inside". Sehr oft sind wir von unserer eigenen „Inside" überrascht, obwohl es möglich ist, dort auch sehr zärtliche Gefühle zu entdecken oder dieselben Gefühle, die wir offen gezeigt haben, nur eben im Extrem. Wir sind jedoch nicht unbedingt vorbereitet auf das, was wir tun!
Hier ist eine Version dieser Übung, die Professor Peter Kock in unserem Studiengang für seinen Schauspielkurs im ersten Semester ersonnen hat: Die Gruppe steht in zwei Reihen. Ein Schauspieler aus jeder Reihe kommt nach vorne und trifft sein Gegenüber in der Mitte.
Du bist einer der beiden im ersten Paar. Du triffst deinen Partner, und ihr führt ein normales Gespräch. Ihr sprecht über alles mögliche, nur nicht über diese Übung. Auf ein Zeichen eures Lehrers (ein Geräusch, laut genug um eure Aufmerksamkeit zu erregen), geht ihr beide in eure eigene „Sound and Movement"-Phrase (siehe Energetisierende Übungen, S. 69). Denkt nicht darüber nach. Laßt einfach geschehen, was geschieht. Ihr sollt euch nicht gegenseitig spiegeln. Euer „Sound and Movement" könnte in Zusammenhang mit

dem vorangegangenen Gespräch stehen, oder es könnte ein Ausdruck der Gefühle sein, die schon seit einer Weile in euch ruhten. Vielleicht ist dein Blick auf deinen Partner gerichtet, vielleicht schaust du aber auch weg. Ihr könntet Körperkontakt aufnehmen oder euch getrennt voneinander bewegen. Wiederholt die „Sound and Movement"-Phrase, bis euch euer Lehrer signalisiert, aufzuhören. Kehrt sofort zurück zu dem Moment, bevor die Zeit anhielt und ihr in eure „Inside" gegangen seid. Führt euer Gespräch fort, verhaltet euch „normal", also in eurer „Outside", als ob das „Sound and Movement"-Intermezzo nie passiert wäre. Euer Lehrer signalisiert, wie oft dieser Prozeß wiederholt wird, und wann ihr euch voneinander trennen und eure Plätze in der Reihe wieder einnehmen sollt. Dann macht das nächste Paar diese Übung, und so weiter, die ganze Reihe durch.

Anwendung
- Um den Schauspieler von Hemmungen zu befreien.
- Um zu erfahren, wieviel Energie verfügbar ist, wenn wir aufhören, uns selbst zu zensieren.
- Um zu lernen, wie man die Kontrolle behält, während man sie verliert.
- Um sich Subtexte bewußt zu machen

Variation
Wiederholt die Übung als „Thought and Gesture" (Gedanke und Geste) in derselben Form, nur daß jetzt die „Inside" realistisch ist und ausgesprochen wird.

Anwendung
- Um in der Lage zu sein, deine geheimen Gedanken und Gefühle durch Worte und realistische Bewegungen zu fokussieren, zu klären und auszudrücken.

Singen mit einer Intention

Gib dem Begleiter deine Noten. Dein Lehrer wird dir sagen, was du mit deinem Lied erreichen willst. Er könnte dir zum Beispiel die Aufgabe geben, dein Kind in den Schlaf zu singen. Ein Freiwilliger spielt dein Kind und legt sich auf den Boden. Du wiegst ihn in deinen Armen und nickst dem Pianisten zu, wenn du bereit bist, anzufangen. Die Aufgabe bestimmt, wie du das Lied singst. Sie hat dir die grundlegenden Informationen gegeben: Du bist ein Elternteil und *möchtest*, daß dein Kind schläft. Laß deine Handlungen aus dem Erfüllen der Aufgabe entstehen. Denke nicht an Emotionen, sie werden von alleine kommen. Du wirst Gefühle für dein Kind haben, aber Gefühle sind hier nicht das eigentlich wichtige. Ein Grund, *warum* du möchtest, daß dein Kind schläft, könnte auf der Hand liegen. Laß diesen Grund deine Intention (was du willst) nähren, und halte diese Intention lebendig. Die Rolle des Kindes ist lediglich eine unterstützende, und die Aufgabe des Freiwilligen ist es, dir zu helfen, deine Aufgabe zu erfüllen. Andere mögliche Aufgabenstellungen sind: Bewege deine Schwiegereltern zum Gehen. Hole deinen Geliebten näher zu dir. Oder stachle das Publikum zur Revolution an.

Anmerkung: Wie in vielen unserer Übungen ist es auch hierbei wichtig, daß das Lied ausgewählt wird, *bevor* der Darsteller die Aufgabe kennt. Somit ist er gezwungen, sein Material auf neue und unerwartete Art und Weise zu singen.

Anwendung
- Um neue Wege zu entdecken, ein Lied zu singen, und um neue Bedeutungen in Liedtexten zu finden.
- Um mit einem Fokus und mit Energie zu singen.
- Um als Schauspieler realistischer zu werden.

Kissen benutzen

a) Die Stimme in den engen (persönlichen), mittleren (Gruppen-) und weiten (öffentlichen) Raum senden

Ihr steht in einem Kreis, und du erhältst von deinem Lehrer ein Kissen. Es muß groß und weich sein, damit man es verformen kann. Nimm dir Zeit, das Kissen zu formen und ihm die Charakteristiken einer Person zu geben, die dir sehr wichtig ist. Laß diese Person vor deinem inneren Auge erstehen, erinnere dich an spezifische Dinge, wie einen Geruch, ein Lächeln, ein Lachen, und laß dann deine Gefühle für diese Person durch deine Hände in das Kissen fließen.

Das Kissen wird zum Objekt und Behälter für deine Gefühle und somit zur Essenz dieser wichtigen Person, die dir so viel bedeutet. Trage das Kissen zu jemandem, der dir im Kreis gegenüber steht, und gib es ihm. Dann, bevor du zu deinem Platz im Kreis zurückgehst, sage etwas zu der imaginären Person (dem Kissen), das du ihr noch nie gesagt hast. Wenn du anfängst zu sprechen, bist du dieser Person nahe, und deine Worte sind in engem oder persönlichem Raum zu hören, d. h. nur für sie alleine. Während du dich immer weiter entfernst, möchtest du, daß die Person dich noch hört und mußt deswegen lauter sprechen, im mittleren Raum, also laut genug für die Gruppe. Wenn du an deinen Platz zurückgekehrt bist, sage etwas zu den Eltern dieser Person, als ob sie im zwölften Stock eines Gebäudes lebten, vor dem du stehst. Rufe im

„Wer steht im Rampenlicht?": Birge Funke, Falk Berghofer, Karim Khawatmi

Foto: © Archie Kent

weiten oder öffentlichen Raum zu ihnen empor, und fülle den ganzen Raum mit deiner Stimme. Die Person, der du das Kissen gegeben hast, wird jetzt auf ihre Weise die Übung wiederholen, und so weiter, im Kreis herum.

Anmerkung: Das Kissen sollte ungefähr die Größe eines Babys haben, auch wenn die Person, die du beschwörst, ein Erwachsener ist. Ein Kissen dieser Größe hat Substanz, ist zu handhaben und sorgt für viele Assoziationsmöglichkeiten, die starke Gefühle aufwirbeln können.

Anwendung
- Um sich bewußt zu machen, wieviel Energie selbst mit Mikroports nötig ist, die Stimme in einem Theater zu senden.
- Um sich bewußt zu machen, daß das Stimmvolumen und die Stimmqualität sowie der räumliche Fokus davon abhängen, ob du dich in einer intimen Situation, einer freundlichen Gruppe oder vor einem großen Publikum befindest.
- Um zu lernen, wie man Gefühle für eine Person hervorruft und sie beliebig auf einen anderen „Wirt", lebendig oder nicht, übertragen kann.

b) Wer steht im Rampenlicht?

Diese Übung sollte in einem großen Tanzstudio durchgeführt werden.

Teilt euch in zwei oder drei Gruppen à drei auf. Sollten mehr als neun Studenten zugegen sein, müssen sie auf eine zweite Runde warten. Macht in jeder der drei Gruppen die Doppelspiegelübung (Bewegung, Tanz, s. S. 79). Du bist in Gruppe A und beginnst auf ein Zeichen deines Lehrers, deine Gruppe anzuführen. Du tanzt zur Musik des Pianisten oder zu einer Musik vom Band und führst, indem du deine beiden Partner beobachtest und Bewegungsideen von ihnen abnimmst. Deine Partner spiegeln dich, und du versuchst, innerhalb des Raumes der Gruppe zu bleiben. Auf ein Zeichen des Lehrers gibst du die Führung an einen anderen in der Gruppe ab. Der Tanz geht ohne Unterbrechung weiter, während die Führung von dir auf den zweiten und vom zweiten auf den dritten in deiner kleinen Gruppe wechselt. Derselbe Prozeß findet in den Gruppen B und C statt.

Nachdem alle drei Gruppenmitglieder einmal Anführer waren, drehen sich alle auf ein Zeichen des Lehrers nach vorne. Der Lehrer übergibt die Führung einem Studenten aus jeder Gruppe, indem er ihm ein kleines Kissen überreicht. Der Student führt nicht mehr dadurch an, daß er Bewegungsideen von den anderen übernimmt, sondern kreiert seine eigenen, d. h., er improvisiert seinen eigenen Tanz, und die beiden anderen spiegeln ihn. Ein Beispiel: Du bist der erste Anführer in Gruppe A. Wenn der Lehrer dir das Kissen gibt, bewegst du dich „Downstage" (in den Bühnenvordergrund) und beginnst mit deinem „Tanz im Rampenlicht", so daß du dich in der Mitte und vor den beiden anderen befindest.

Du mußt dir das Rampenlicht wirklich nehmen und uns dazu bringen, dich anzuschauen, indem du die von dir ausgehende Energie erhöhst und große, zielgerichtete Bewegungen machst. Die anderen beiden Tänzer in deiner Gruppe können dich von hinten und/oder im Spiegel sehen (wenn ihr euch in einem großen Tanzstudio befindet). Sie sind deine Back-ups und kopieren deinen Tanz, nur eben mit weniger Energie und kleineren Bewegungen. Sie stehen nicht im Rampenlicht.

Dieses „Rampenlicht" (Kissen) wurde zur selben Zeit je einem Mitglied der anderen Gruppen gegeben, und auch sie erfreuen sich an ihren Soli. In allen drei Fällen gibt es einen Solisten und zwei Back-ups, die gleichzeitig tanzen. Nutzt das gesamte Studio für euren Tanz, aber paßt auf, daß jede Gruppe ihr „Gruppendasein" beibehält, egal wohin sie sich bewegt. Der Lehrer wird die Führung (die Kissen) nacheinander an die beiden Back-ups weitergeben, so daß jeder einmal die Chance hat, im Rampenlicht zu stehen und Back-up zu sein.

Variation

Während der Tanz weitergeht besteht die Möglichkeit, drei Studenten in derselben Gruppe oder zwei Studenten in einer und einem in einer anderen Gruppe die Kissen zu geben. Es ist außerdem möglich, nur einen Solisten zu haben, während die anderen acht Back-ups sind, die „vampen" (hier: eine Bewegung oder Bewegungsphrase wiederholen bis zu einem Stichwort oder Zeichen). Das kann genauso verwirrend werden, wie es klingt, kann aber auch interessante Situationen und Lösungen hervorbringen. Es ist natürlich auch möglich, eine neutrale Bewegungsphrase vorzubereiten, die alle Back-ups „vampen", falls sie nicht wissen, wen sie kopieren sollen.

Anmerkung: Dieser Tanz endet nie, ganz egal, wie oft die Führung wechselt. Er endet erst, wenn der Lehrer die Anführer anweist, zum Ende zu kommen.

c) Werfen

Ihr steht in einem Kreis und gebt ein Kissen von einer Person zur nächsten im Kreis herum weiter. Dann gebt das Kissen in die andere Richtung weiter. Gebt es einmal schnell und einmal langsam weiter. Gebt es mit diesen Hinweisen weiter: Das Kissen ist warm, es ist kalt, es ist schwer, es ist leicht, es ist dornig, es ist weich, es riecht nach Stinktier, es ist schmelzende Schokolade, es ist liebenswert, es ist hassenswert oder es besitzt sonst irgendeine Qualität eurer Wahl. Als nächstes werft das Kissen zu eurem Gegenüber. Werft zuerst einfach und findet dann neue Wege, das Kissen einem anderen im Kreis zukommen zu lassen. Geht wieder zurück zum einfachen Werfen und fügt zwei Kissen hinzu, so daß jetzt drei Kissen gleichzeitig hin- und hergeworfen werden.

Dann geht ein Student in die Mitte des Kreises. Die im Kreis verbliebenen werfen die Kissen auf ihn und verfluchen und beschimpfen ihn. Er wirft sie zurück, ebenfalls fluchend und die anderen beleidigend. Wenn er genug hat, nennt er einen Ersatz, und das Spiel geht weiter.

Anmerkung: Der erste Teil der Übung kann auch mit einem Ball anstelle eines Kissens durchgeführt werden. Im letzten Teil könnte es sich allerdings als schmerzhaft herausstellen, von einem geworfenen Ball getroffen zu werden, und deshalb ist ein Ball nicht zu empfehlen.

Anwendung
- Um mit „Sense memory" (sensorisches Gedächtnis/Erinnerung) zu arbeiten.
- Um ein Ensemble zu schaffen.
- Um zu spielen und Spaß zu haben.
- Um zu lernen, Ärger auszudrücken.
- Um die Angst vor Verletzung in einem physischen Kampf zu verlieren.
- Um in der Lage zu sein, Kritik standzuhalten.

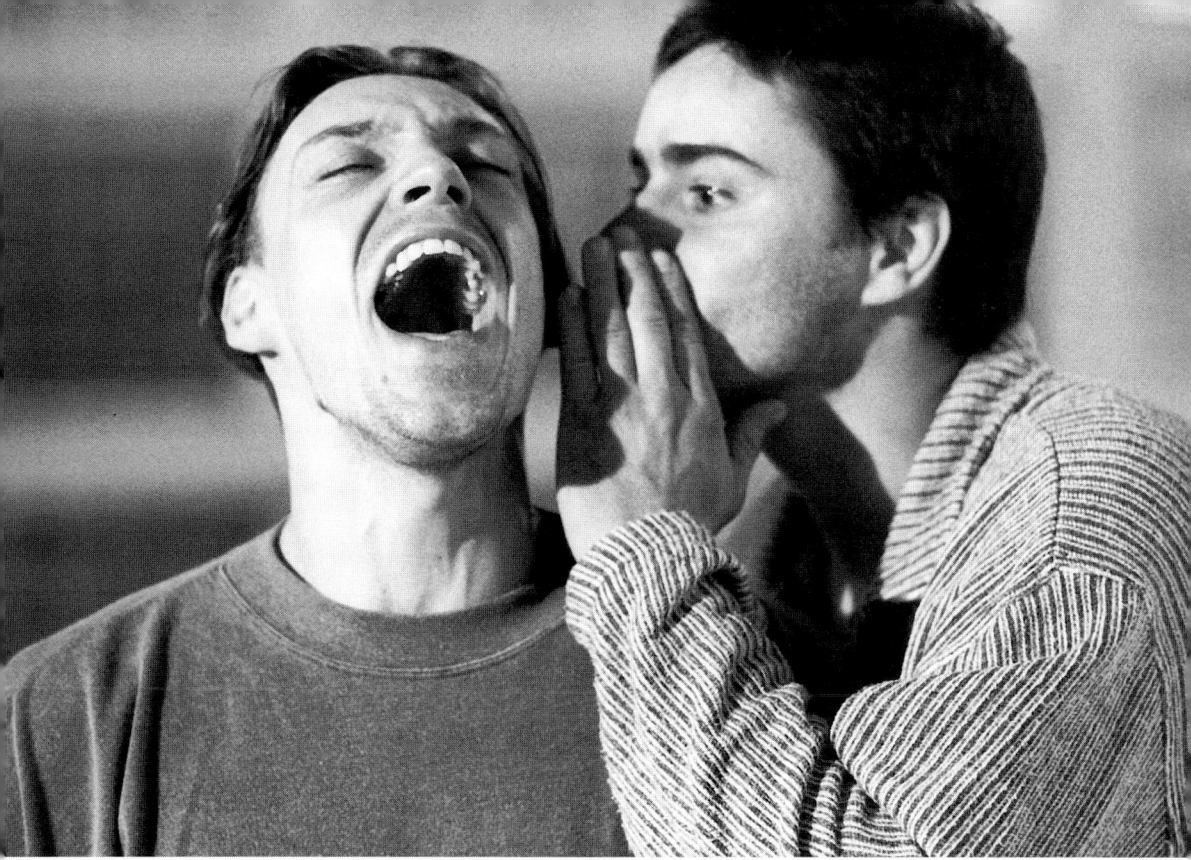

„Singen mit neuer Information": Michael Chadim, Mischa Mang   Foto: © Archie Kent

Darstellungsübungen

Singen mit neuer Information

Bei dieser Übung steht ein Student vor der Gruppe und wählt ein Lied aus, das er singen möchte. Es muß ein Lied aus seinem Repertoire sein, von dem er eine genaue Vorstellung bezüglich des Stils und des Vortrags hat. Es ist das beste, diese Übung *a capella* durchzuführen, denn es ist zu schwierig, sie zu begleiten. Nachdem sich der Student für ein Lied entschieden hat, versucht er, sich in einen entspannten, „neutralen" Zustand zu versetzen.

Wenn dies erreicht ist (der Student kann ein Zeichen geben), nähert sich ihm einer der anderen Studenten und flüstert ihm eine Botschaft, eine Neuigkeit, ins Ohr. Diese Neuigkeit sollte belastend, also auf keinen Fall harmlos sein.

Einige Beispiele, die sich als wirksam erwiesen haben: „Krieg ist ausgebrochen – in den Straßen sind Panzer!", „Du bist nicht schwanger!", „Mutter ist gestorben!", „Du hast die Rolle bekommen!" usw. Sie sollte kurz und präzise sein. Der Darsteller muß sofort und spontan auf die Information reagieren, ohne lange darüber nachzudenken. Diese spontane Reaktion aus dem Bauch heraus läßt er dann in sein Gesicht und seinen Körper übergehen. Er verstärkt seine physische Reaktion, während er die ganze Zeit die Neuigkeit vor sich hin sagt, bis eine stark übertriebene, oft verzerrte Körper- und Gesichtsmaske entstanden ist, die den von dieser Nachricht hervorgerufenen emotionalen Zustand widerspiegelt (siehe Kapitel III, Masken, S. 99). Als Alternative kann der Bote hinter dem Darsteller stehenbleiben und ihm die Botschaft während der ganzen Übung zuflüstern.

Es ist sehr wichtig, daß die „Neuigkeit" präzise ist und so gewählt, daß der Darsteller sie auch benutzen kann. („Du bist nicht schwanger!" wird einen männlichen Darsteller nicht allzusehr berühren.) Wenn der emotionsgeladene, intensive Zustand erreicht ist, singt der Darsteller unter Aufrechterhaltung der Maske sein Lied. Dies führt zu einer völlig veränderten Darstellung, absolut unerwartet und unvorbereitet, wobei die Schönheit der Stimme keine Rolle spielt. Versuche, die Gesichtsmaske beim Singen beizubehalten, auch wenn dies wahrscheinlich die korrekte Aussprache des Textes behindern wird. Als Ergebnis dieser Übung, kann NEIN, ICH VERLIEB MICH NICHT aus „The Pajama Game" (deutsch: „Spiel um Pyjamas") eine erschütternde, herzzerreißende Klage sein, während auf der anderen Seite MY MAN'S GONE NOW aus „Porgy and Bess" zum befreienden Freudenschrei werden kann. Wir schlagen nicht vor, diese Lieder in der Show so zu singen, aber die Übung zeigt den Studenten die unendlichen Möglichkeiten jedes Liedes und wie produktiv starke Emotionen beim Singen sein können. Diese Übung hat emotionale Sprengkraft und ist, wenn sie richtig ausgeführt wird, sehr anstrengend. Es steht dem Darsteller frei, die ihm gegebene Information preiszugeben oder für sich zu behalten.

Anwendung
- Um spontane Reaktionen auf das Hier und Jetzt zu ermutigen.
- Um beim Singen starke Gefühle zuzulassen.
- Um ein Geheimnis beim Darstellen zu haben.
- Um die gesamte Körper- und Gesichtsmuskulatur als Ausdrucksmittel einzusetzen.
- Da die „erfolgreiche" Ausführung dieser Übung zum großen Teil vom Inhalt der Botschaft abhängt, und da diese die Idee eines der Kollegen des Darstellers ist, kann die Übung ein bedeutendes Zeichen für das Maß an Vertrauen zwischen den Studenten sein.

- Um den Darsteller von seinen festen Vorstellungen, wie ein Lied „gebracht" werden soll, abzubringen, indem er genau entgegen den scheinbaren Inhalt und Stil des Liedes arbeiten muß. So etwas tun wir oft.

Anmerkung: Nach der Übung kann es sehr produktiv sein, das Lied noch einmal mit Begleitung zu singen, um zu sehen, ob, wenn überhaupt, irgend etwas von dieser Erfahrung widerhallt und vielleicht bei einem zukünftigen Vortrag dieses Materials nützlich sein könnte.

Nonsens

Der Student wählt eine für ihn bedeutsame, sehr persönliche Anekdote aus und „erzählt" sie der Gruppe in einer erfunden Sprache. Diese Sprache kann falsches Italienisch, Russisch oder Burmesisch oder ein sinnloses Geplappere sein. Wichtig ist nur, daß sie für die Zuhörer unverständlich ist. Der Student kann mit unterstützenden Gesten und Geräuschen so plastisch sein, wie er möchte.

Anwendung
- Um persönliche Geheimnisse öffentlich zu „erzählen", ohne sie preiszugeben.
- Um sich auf die Erzählform getrennt vom Inhalt zu konzentrieren.
- Um die Sprachmelodie als Erzählelement zu betrachten.

Kommentar
Eine Standardaufgabe in dieser Übung ist es, von seiner ersten sexuellen Erfahrung zu erzählen. Bereitet euch darauf vor, daß ihr euch vor Lachen auf dem Boden wälzt.

Witze

Das Erzählen eines Witzes ist eine Schauspielerfahrung en miniature. Der erfolgreiche Erzähler ist klar und direkt, übernimmt verschiedene Rollen und baut die Situation so auf, daß sie zu einer Auflösung oder zur Pointe führt. Die meisten Witze sind kleine Katastrophen und enden unerwartet – eine gültige Definition für ein Drama. Außerdem sind die Kritiken beim Witzeerzählen spontan und unbestreitbar.

Anwendung
- Um eine Vorstellung „abzuliefern".
- Um Timing und Aufbau zu lernen.

Kommentar

Wenn diese Übung vorgeschlagen wird, reagieren die meisten Studenten mit „Aber ich kenne keine Witze!" oder „Ich kann mir nie die Pointe merken!". Um so mehr Grund, den Aufbau eines Witze-Repertoires als Vorbereitung für das Lernen einer Rolle zu unterstützen. Die Kindergarten-Witze, die viele Studenten zur Hand haben, sind ein Indikator dafür, wann die meisten aufhören, Witze zu lernen.

Menschen zum Lachen bringen

Diese Übung ist eine Verwandte der *Witze*-Übung und unterscheidet sich dennoch von ihr. Das Ziel hier ist es, das Publikum vor allem durch nonverbale Mittel wie Slapstick, Hinfallen, „Double-Takes", unfeine Geräusche usw. zum Lachen zu bringen. Alles ist erlaubt, und genau wie bei Witzen sind die Kritiken spontan.

Anwendung
- Um physischen Humor einzusetzen.
- Um albern und „lächerlich" vor anderen zu sein.

Lügen

Lügen wird manchmal „die Wahrheit attraktiv gestalten" genannt, in dieser Übung heißt es „die Wahrheit schönen". Du erzählst eine persönliche, biographische Anekdote, die schlecht endet, je schlechter desto besser. An dem Punkt, an dem das Desaster oder die Peinlichkeit unvermeidlich wird, improvisierst du und fabrizierst ein alternatives Ende. Du bietest eine Version an, die „in der besten aller möglichen Welten" endet, eine, in der du Rache oder Vergeltung findest. Die Zuhörer versuchen zu bestimmen, an welchem Punkt die Wahrheit den Raum verlassen hat.

Anwendung
- Um vor einem Publikum „aus dem Stegreif" zu improvisieren.
- Um Gefühle zu verbergen, ein „Secret play" (persönlicher Subtext) zu haben.
- Für die Zuhörer: Um kritisch zuzuhören.

Kommentar

Es ist erstaunlich, wie bereitwillig Studenten wirklich peinliche Momente aus ihrem Liebesleben in dieser Übung erzählen. Aber vielleicht ist es doch nicht so erstaunlich. Wie oft bekommen wir die Chance, den Verlauf der Katastrophen des Lebens öffentlich zu ändern?

Hau den Kritiker

Dies ist eine Übung über das Geben und Annehmen von Kritik. Sie ist also nicht so sehr eine Schauspielübung als eher ein flüchtiger Blick darauf, daß die Studenten untereinander die Arbeit der anderen negativ bewerten könnten, und vielleicht sogar ein Vorausblick auf die Auswirkung von Kritik in ihrem Berufsleben.

Zwei Studenten stehen sich so gegenüber, daß sie sich schlagen können. Einer beschreibt von oben nach unten, so objektiv wie möglich, die physische Erscheinung des anderen und versucht dabei, jedes Urteil oder jegliche Bewertung zu vermeiden. Der „Beschriebene" hat die Erlaubnis, zuzuschlagen (nach den Richtlinien der Genfer Konvention) und den „Beschreibenden" zu treffen, wann immer die Beschreibung in die Privatsphäre einzugreifen scheint oder eine Bewertung darstellt. Das Wissen, daß bald die Rollen getauscht werden, beeinflußt (hoffentlich) die Sorgfalt, mit der der „Beschreibende" vorgeht. Eine Variation dieser Übung ist, den „Beschreibenden" nur positive, glänzende Ausdrücke für die Beschreibung verwenden zu lassen. Der „Beschriebene" kann dann zuschlagen, wenn er meint, daß er angelogen wird.

Anwendung
- Um zu lernen, konstruktive Kritik zu geben.
- Um immer daran zu denken, daß „alles nur ein Spiel" ist – und dieser Gedanke kann manchmal durchaus von Nöten sein.

Kommentar
Was durch diese Übung klargemacht werden soll, ist die Relativität jeglicher Kritik (des einen Freud ist des anderen Leid), und die völlige Unvorhersehbarkeit davon, wie ein anderer auf deine Formulierungen reagiert.

Katastrophe/Niederlage

Diese Übung von George Tabori basiert auf der Prämisse, daß es besser ist, seinen schlimmsten Befürchtungen Luft zu machen (vor allem vor einer Vorstellung), als sie zu unterdrücken.

Ihr sitzt in einem Kreis, und jedes Mitglied der Gruppe erzählt seinen Auftritts-Alptraum. Ihr könnt diese Katastrophen, falls möglich, auch gerne durchspielen: ein „Hänger" mitten im Lied, auf die Bühne kommen und den ersten Satz vergessen, während des Tanzens hinfallen oder stolpern usw. Eine Erweiterung dieser Übung ist, seine eigenen Kritiken, sowohl eine gute als auch eine schlechte, vor der Vorstellung zu schreiben. Es ist auch hilfreich, so schlecht wie möglich zu singen/tanzen/spielen. Übertreibt dabei in einer Alptraumversion gerade die Elemente, an denen ihr besonders gearbeitet habt und die ihr versucht habt zu verbessern (Intonation, Rhythmus, Diktion, „Senden").

Anwendung
- Um das Lampenfieber zu verringern.
- Um den „Alptraum" real werden zu lassen und somit zu lernen, ihn zu kontrollieren.
- Um anderen deine geheimen Ängste mitzuteilen und dabei zu entdecken, daß du nicht alleine bist.

Vom Lied zum Tanz, vom Tanz zur Sprache, von der Sprache zum Lied

Diese Übung konzentriert sich auf die Momente, in denen eine der Disziplinen nahtlos in eine der anderen übergehen muß.

Lerne eine nicht aus einem Musical stammende Schauspielszene auswendig, und wähle ein Lied dazu aus, das der Rolle, dem Stil und den Anforderungen der Szene angemessen scheint.

Versuche, das Lied an verschiedenen Stellen im Monolog zu plazieren, und entscheide dich dann für eine Stelle deiner Wahl. Was mußt du tun, um diese beiden unterschiedlichen Ausdrucksformen so zusammenzustellen, daß der Übergang von der einen zur anderen so wenig wie möglich stört? Wie mußt du deine Sprechstimme anpassen, so daß der erste gesungene Ton nicht klingt, als ob plötzlich eine andere Person anwesend wäre? Versuche, das Lied mit gesprochenem Text zu durchsetzen, so daß die Begleitung weiter spielt oder bei einer bestimmten Stelle im Lied verweilt, während du sprichst. Sprich und singe abwechselnd Sätze aus deinem Lied, und sprich und singe abwechselnd Zeilen aus deinem Text. Wenn du mit diesem Wechsel (Sprache und Lied) vertraut bist, füge den Übergang zum Tanz und zur Bewegung hinzu. Wie fließt Bewegung natürlich und organisch aus der Schauspielsituation und dem Zustand des Schauspielers? Was ist der Unterschied zwischen Bewegung und Tanz, und welche der beiden Möglichkeiten ist angemessen, um die Intentionen des Schauspielers zu verdeutlichen.

Nimm dasselbe Material wie oben, und probiere aus, wo Tanz in die Darstellung einfließen könnte: als Ausdruck oder Überhöhung eines emotionalen Zustands, als Flucht in die Irrealität, als Intensivierung des Liedes, um Energie und Spannung in eine Szene zu bringen, um die Szene zu umrahmen oder zwei Szenen zu verbinden oder als rein dekoratives Element. Ist es möglich, gleichzeitig zu singen und zu tanzen? Zu sprechen und zu tanzen? Welche Rolle spielt der Atem bei der Vorbereitung? Wie benutzt du das Gefühl eines Auftaktes (im rhythmischen Sinne), und wie ist es möglich, nach einem anstrengenden Tanz zu singen und zu sprechen? All das sind legitime und wichtige Fragen für den Musicaldarsteller, und die Antworten liegen in der genauen, sorgfältigen Arbeit an Details.

Zum Beispiel: Wenn ein Lied, das auf eine emotionsgeladene Szene folgt, ruhig anfängt, dann hat der Komponist entweder in der Einleitung genug Zeit für diesen Übergang gelassen, oder der Schauspieler/Sänger muß den Übergang alleine schaffen, indem er den letzten gesprochenen Text so anpaßt, daß er den *piano* Einstieg der Stimme rechtfertigt. Auf der anderen Seite tut der Darsteller gut daran, seinen Körper vorher darauf einzustellen, sollte der Choreograph auf die Wiederholung einer Ballade eine Folge scharfer Contractions verlangen, auch wenn dies Veränderungen des Gesangsstils zur Folge hat. „In der besten aller möglichen Welten" wirst du natürlich eine Rechtfertigung oder Anpassungsmöglichkeit für jeden dieser Übergänge finden, so daß sie organisch und schauspielerisch überzeugend sind. Wenn die Technik dieser Übergänge sichtbar wird, mag zwar das Publikum deine Virtuosität anerkennen, sie werden jedoch in diesem Moment eher dich als Schauspieler bewundern, als daß sie von der Rolle, die du spielst, bewegt und hingerissen sind. Nachdem du an einigen dieser „kreierten" Szenen wie oben beschrieben gearbeitet hast, suche die Momente in der Musicalliteratur heraus, in denen dieselben Anforderungen gestellt werden, und wende die gelernten Lektionen an.

Anwendung
- Um eine Musicalszene aus einem nicht aus einem Musical stammenden Text zu kreieren und sie vorzuführen.
- Um zu lernen, was von dir, dem Darsteller, verlangt wird und um Regieanweisungen so zu treffen, daß die Disziplinen nahtlos ineinander übergehen.

Folge dem Anführer

Dies ist eine weitere Gruppenübung, die auf Spiegeln (siehe Bewegung, Tanz, S. 78) basiert. Sie erfordert viel Raum. Es ist wichtig, daß der Lehrer vor Beginn klarstellt, daß es eines der Ziele dieser Übung ist, Kritik zu akzeptieren. Jeder Student sucht sich einen Platz am Rande des Raumes und macht ihn zu seinem eigenen, indem er etwas aus seinem persönlichen Besitz mitbringt. Er kann diesen Raum auch mit einem Stuhl, einer Matte, einer Decke oder irgendeinem anderen verfügbaren Requisit oder Möbelstück dekorieren und kennzeichnen.

Die Übung beginnt, wenn jeder an dem von ihm gewählten Platz ist. Du bist der erste Freiwillige undbegibst dich in die Raummitte. Du führst eine Tanz- oder Bewegungsimprovisation aus. Wer Lust hat, kann zu dir stoßen, sich in die Raummitte bewegen und dich spiegeln (Folge dem Anführer). Wer lieber an seinem Platz bleibt, kann abschätzige Bemerkungen über dich oder einen der anderen Darsteller oder über euch alle machen. Du kannst dir aussuchen, ob du die Bemerkungen ignorieren oder nonverbal mit Tanz oder Bewegung auf sie reagieren willst. Du kannst deine Reaktion direkt an einen speziellen Kritiker richten, *aber du darfst nicht in seinen Raum eindringen.* Du kannst mit den dich Spiegelnden nahe an ihn herankommen und ihn sogar bedrohen, aber er bleibt in seinem unantastbaren Raum absolut sicher und geschützt. Die „Folge dem Anführer"-Improvisation kann ein völlig abstrakter oder ein populärer Tanz sein, sie kann eine Tierimprovisation oder der nonverbale Schauspiel- oder Bewegungsausdruck jedes Zustands sein. Sie kann spielerisch sein und Spaß machen, ruhig und zärtlich oder intensiv und gefährlich sein. Sowohl den Sich-Bewegenden als auch den Kritikern steht es frei, so oft sie wollen, ihre Rolle zu wechseln und beliebig oft in die Mitte zu kommen oder sie wieder zu verlassen. Wenn du deine Rolle als Anführer aufgeben möchtest, gib sie einem anderen in der Mitte, also einem, der dich gespiegelt hat, indem du seinen Namen rufst. Er muß die Rolle des Anführers akzeptieren. Wie bei den anderen Spiegelübungen auch, sollte dieser Wechsel nahtlos vonstatten gehen, und die Bewegung und Aktion sollte von einer Improvisation in die andere überfließen. Die Übung geht weiter, bis der Lehrer sie beendet.

Die Gruppe kommt dann in einem Kreis zusammen, um über die Übung zu sprechen. Dies ist wichtig, weil durch die Bemerkungen der Kritiker oft Gefühle verletzt werden, und die Studenten das Bedürfnis haben, zu fragen „Hast du das wirklich gemeint?"oder „Bin ich wirklich …?" usw.

Anwendung
- Um zu lernen, die Gemeinheiten eines Kritikers in Kauf zu nehmen und die Arena zu betreten.
- Um die Erlaubnis zu haben, gemein zu sein und Spaß dabei zu haben.
- Um zu lernen, die Grenzen der anderen zu respektieren oder deren Recht, deine Arbeit nicht zu mögen, und trotzdem Abstand zu bewahren.

- Um dich an schlechte Kritiken zu gewöhnen und trotzdem weiterzumachen.
- Um zu entdecken, wie es ist, Kritik zu geben und anzunehmen.
- Um ein Ensemble zu schaffen.

Der Dampfkochtopf

Dir wird ein Lebensalter aus deiner Vergangenheit genannt. Erinnere dich dann an ein dich betreffendes Ereignis, das dir damals besonders wichtig war. Stelle dich vor die Gruppe, und schließe deine Augen. Konzentriere dich auf dieses Ereignis, während der Pianist ein Lied durchspielt, das du ausgewählt hast. Öffne jetzt deine Augen, stehe stocksteif und erlaube nur deinen Augen, sich von rechts nach links zu bewegen. Nehme Augenkontakt mit verschiedenen Zuschauern auf. Singe das von dir ausgesuchte Lied, während du den „Film" dieses erinnerten Vorfalls in deinem Gedächtnis ablaufen läßt. Das Singen dieses Lieds sollte so flach und ausdruckslos sein, so „mechanisch" wie der unbewegliche Zustand deines Körpers. Breche auf ein Zeichen aus diesem Zwangsjackenzustand aus. Du hast dafür zwei Möglichkeiten und entscheidest dich spontan für eine von beiden: Gehe vollständig in die Emotionen, die sich während der Übung in dir aufgestaut haben, und laß ihnen freien Lauf. Diese Emotionen werden den Vortrag deines Liedes färben, oder fliehe vor diesen Emotionen (wenn du sie bedrohlich, unerfreulich oder peinlich findest), und trage den Rest des Liedes mit einer Intensität vor, die ausreicht, um den Zustand, vor dem du fliehst, unter Kontrolle zu halten.

Anwendung
- Um mit geteilter Aufmerksamkeit darzustellen.
- Um mit geheimer Intention zu singen.
- Um in einem extremen emotionalen Zustand zu singen.

Kommentar
Durch die Spannung, die von der doppelten Aufgabe des Sich-Erinnerns und Singens erzeugt wird oder durch die Kraft des erinnerten Vorfalls – diese Übung setzt ein enormes Maß an emotionaler Energie frei. Auch wenn die zweite der obigen Möglichkeiten (die Vermeidung) gewählt wird, kann ein Darstellungsniveau erreicht werden, das genauso produktiv und intensiv ist wie im Falle der ersten. Entscheidend ist, daß der Student erlebt, wie es ist, in einem „aufgestauten" Zustand zu singen, und die Kraft seiner eigenen emotionalen Quellen zu entdecken.

Dialekt oder Muttersprache

Es kann sehr produktiv sein, den improvisierenden Schauspieler darin zu ermutigen, seinen Heimatdialekt oder seine Muttersprache (wenn es eine andere als Deutsch ist) in der Arbeit zu benutzen. Wir verwenden so viel Zeit
und Energie darauf, diese Spracheigenheiten zu verlieren und ein neutrales,
homogenisiertes „Bühnen"-Deutsch zu erlernen, daß die Leichtigkeit und der
tiefe persönliche Bezug zur Sprache, ein Geburtsrecht jedes Menschen,
manchmal verloren geht. Schauspieler, für die Deutsch die zweite Sprache ist,
haben eine noch höhere Hürde zu nehmen. Die obigen Kommentare gelten
vor allem dann, wenn es sich um Kindheitserinnerungen und -lieder dreht.

Anwendung
• Um den Darsteller von erlernter „korrekter" Sprache zu befreien.

Singen aus der Gegenwart

Denke an ein Ereignis von emotionalem Gehalt, das dir in den letzten vier-
undzwanzig Stunden passiert ist. Konzentriere dich darauf, diese Erinnerung
so vollständig wie möglich durch „Sense memory"-Arbeit (sensorisches Ge-
dächtnis/Erinnerung) wieder einzufangen. Der Lehrer unterstützt dich dabei
durch Fragen und hilft deinem Gedächtnis auf die Sprünge.
Du mußt den Inhalt dieser Erinnerung nicht preisgeben, so daß du keine
peinlichen oder intimen Momente zensieren mußt. Wenn du das nahe „Damals" in das lebendige „Jetzt" verwandelt hast, singe aus deinem Zustand heraus ein Lied für das Publikum, aber nicht direkt zu ihm. Wenn noch eine andere Person in deine Erinnerung involviert ist, stelle sie dir in deiner Szene
vor, und singe das Lied direkt zu dieser Person.

Anmerkung: Die „Besonderheit" dieser Übung ist die Verfügbarkeit, die Frische des katalytischen Ereignisses. Sie zeigt auch, wieviel unseres täglichen
Lebens für die Arbeit wertvoll und in ihr verwertbar ist.

Anwendung
• Um die nahe Vergangenheit lebendig zu machen.
• Um zu vorgestellten Partnern zu singen. Um aus Ereignissen heraus zu
  singen, die immer noch in deinem Leben nachhallen.
• Um mit einem geheimen Subtext zu singen.
• Um die vierte Wand zu respektieren.

Blockaden

Diese Übung beschäftigt sich mit Problemen, die den Akt der Darstellung stören. Wir benutzen sie bei Studenten des zweiten Studienjahrs.

Euer Lehrer gibt euch Zeichenmaterialien, und ihr nehmt sie mit zu einem Platz im Raum, an dem ihr für euch seid. Zeichnet ein Bild dessen, was euch davon abhält, so zu spielen, wie ihr gerne möchtet. Wie sieht es aus, dieses „Etwas", das dich hindert? Nimm einen Bleistift, Kohlestift, Buntstift usw., um deiner Blockade (so werden wir es nennen) eine Form zu geben. Deine Blockade könnte dich davon abhalten, eine Liebesszene zu spielen oder zu strippen oder auf der Bühne zu kämpfen. Sie ist es, die dich schüchtern, unsicher oder gehemmt werden läßt. Die Blockade muß nicht unbedingt ein Ding sein, das eine Form und eine Farbe hat. Sie könnte eine Reihe von Dingen sein, oder sie könnte eine Beziehung oder eine Erinnerung sein, die dich erstarren oder einfrieren läßt. Wenn du dein „schreckliches" Bild vervollständigt hast, komme mit deinen Klassenkameraden, die auch alle ihre Blockaden gezeichnet haben, in einem Kreis zusammen. Einer nach dem anderen zeigt sein Bild im Kreis herum und beschreibt es. Deine Klassenkameraden stellen Fragen darüber, aber sie werden das Gesehene oder von dir Gesagte nicht beurteilen, analysieren oder interpretieren. Die Fragen sind nur dazu da zu klären, was du gezeichnet hast.

Dein Lehrer nimmt diese Bilder mit und denkt sich vor eurer nächsten Zusammenkunft eine Szene oder Situation aus, die es jedem von euch ermöglicht, die bildliche Darstellung seiner Blockade zu verkörpern oder durchzuspielen. Wähle ein Lied, bevor du diese Aufgabe ausführst. Entweder nach Beendigung der Aufgabe oder währenddessen wird dich dein Lehrer anweisen, das Lied zu singen.

Anmerkung: Es ist nicht das Ziel dieser Übung, die Blockade zu entfernen. Das Ziel ist es, während einer Vorstellung besser spielen zu können.

Beispiele

Einer unserer Studenten war physisch unsicher vor der Gruppe, er schämte sich für seinen Körper und hatte mit seiner gezeichneten Blockade angedeutet, daß dies ein Auftrittsproblem für ihn ist. Wir schlugen vor, daß er sich alleine entkleiden und nur einen Bademantel zum Bedecken seiner Blöße tragen soll. Alle Zuschauer trugen Augenbinden, und alle Lichter wurden ausgeschaltet, so daß es völlig dunkel war. Der Student konnte dann seinen Bademantel ablegen und vor uns tanzen, ohne die geringste Gefahr gesehen zu werden. Nachdem er diesen Tanz vor einem „blinden" Publikum genossen hatte, wurde ihm freigestellt, nackt zu bleiben oder den Bademantel wieder anzuziehen. Er wollte den Bademantel wieder anziehen und legte sich mit

„Blockaden“: Mischa Mang, Eva Thärichen, Karim Khawatmi, Markus Düllmann, Asita Djavadi, Michael Chadim   Foto: © Archie Kent

dem Gesicht auf den Boden. Er signalisierte dann, daß es in Ordnung wäre, die Lichter wieder anzumachen und später, daß die Zuschauer die Augenbinden wieder abnehmen könnten. Während er seine Wange am Boden behielt und sich an der Sinnlichkeit seines Körpers ergötzte, in dem er die Resonanzen des Bodens spürte, sang er sein Lied auf eine Art, die für ihn wie auch für uns eine Offenbarung war. Das für ihn Wichtige war, daß trotz der Arbeit an seiner „Blockade“ seine Privatsphäre respektiert wurde.

Ein Moment aus der Arbeit mit Blockaden entwickelt. Collage „6M3F": Markus Düllmann, Uli Scherbel, Asita Djavadi, Karim Khawatmi, Mischa Mang, Falk Berghofer

Foto: © Michael Sondern

Eine Studentin machte sich Sorgen bezüglich ihrer Fähigkeit, Texte und Liedtexte auswendig zu lernen. Wir bildeten eine Reihe und setzten die Studentin uns gegenüber. Sie sollte die erste Person in der Reihe fragen „Was kannst du nicht?" und „Was kannst du?". Diese Person antwortete dann mit einer erfundenen oder wahren Antwort und fragte zurück „Glaubst du mir?". Sie sagte daraufhin „Ja, Stanley, ich glaube, daß du kein Flugzeug fliegen kannst, und ich glaube nicht, daß du ein Rad schlagen kannst." Der nächsten Person in der Reihe stellte sie dann dieselben Fragen, und diese antwortete. Die „Darstellerin" wiederum faßte ihre Antwort in das gleiche Schema wie zuvor: „Nein Bobbie, ich glaube nicht, daß du nicht reiten kannst, aber ich glaube auch nicht, daß du Gehirnchirurgin bist. Und ja, Stanley, ich glaube, daß du kein Flugzeug fliegen kannst, und ich glaube nicht, daß du ein Rad schlagen kannst.", setzte also die erste Antwort an die zweite und so weiter, die ganze Reihe hindurch. Du kannst dir vorstellen, wie unerträglich dies hätte sein können, also bauten wir ein Sicherheitsventil ein: Sie durfte jederzeit aus dieser Konzentration ausbrechen und eine Entspannungsübung machen oder etwas singen. Tatsächlich hielt sie den extremen Anforderungen dieser Aufgabe bis zum Schluß stand und erreichte das außergewöhnliche Ergebnis, durch alle zehn Variationen zu kommen ohne einen Hänger.

Anwendung
- Um Blockaden zu entmystifizieren und zu normalisieren, indem man sie aufdeckt und öffentlich macht.
- Um die Darstellung des Einzelnen freier und vielschichtiger zu machen, indem man jede Darstellungssituation persönlich und relevant macht.
- Um einen Rahmen zu schaffen, in dem man Verbindung mit starken Emotionen aufnehmen kann, und eine Form, in der sie Ausdruck finden können, nämlich das Lied.

Kommentar

Es ist sehr wichtig, anzumerken, daß dies keine Therapiestunden sind. Sie sind vielleicht therapeutisch, aber das ist nicht unsere Absicht.

Unsere Prämisse ist eher, daß Ängste, durch die Darstellungsmöglichkeiten blockiert oder eingeschränkt werden, einfacher zu handhaben sind, wenn sie einmal definiert und öffentlich ausgedrückt wurden. Es ist unwahrscheinlich, daß der Student von dieser Blockade „geheilt" wird oder sich radikal verändert. Aber diese Arbeit hat sich schon oft als sehr effektiv darin erwiesen, das Darstellungsniveau und Selbstbewußtsein der Studenten zu erhöhen.

Anwendung der Arbeit mit Blockaden

Dies ist eine praktische Anwendung der Blockadenübung. Kurz nach ihrem ersten öffentlichen Auftritt in der Collage (siehe Kapitel II, S. 39) werden die Studenten im Labor aufgefordert, darüber nachzudenken, wie ihre Blockaden die Darstellung beeinflußt haben. Dein Lehrer wählt gemeinsam mit dir ein Stück aus der Collage aus, das dir in der Vorstellung nicht so gut gelungen ist. Erlaube der Blockade, dich zu beeinflussen, und finde einen Weg, sie zu benutzen, anstatt von ihr überwältigt zu werden. Du könntest zum Beispiel das Gespräch oder die Szene wiederholen, die dir in der obigen Blockadenarbeit gegeben wurde, während du dein Lied aus der Collage singst.

Anwendung
- Um mit einer realen, anstatt einer theoretischen Situation zu arbeiten.
- Um die Macht der Blockade durch Wiederholung und zunehmende Vertrautheit zu schwächen, oder um ihre Macht zu nutzen, indem man die

„Blockaden": Michael Chadim, Markus Düllmann, Mischa Mang, Eva Thärichen,
Asita Djavadi   Foto: © Thomas Kube

Bedrohung in eine Herausforderung verwandelt.
• Um zu lernen, Probleme aktiv zu lösen, anstelle ein passives Opfer der eigenen Emotionen zu sein.

Eine Szene aus gegensätzlichen Intentionen kreieren

Diese Übung basiert auf der Lehre von Sanford Meisner, der viele Jahre lang Schauspielunterricht am Neighborhood Playhouse in New York City gab.

Der Lehrer bittet um zwei Freiwillige. Du und ein anderer Student bietet euch an und wartet auf Anweisungen. Ihr erhaltet die Anweisungen getrennt voneinander, so daß der andere nicht mithören kann. Du bekommst gesagt, daß du die Zweitbesetzung der Hauptrolle in einem Musical bist. Der Hauptdarsteller ist heute nacht erkrankt, und du mußt morgen spielen. Du stehst auf der Bühne am Klavier und möchtest noch einmal einige deiner Lieder durchgehen. Ohne dein Wissen wurde deinem Partner gesagt, daß er die Aufsicht über das Theater hat. Es ist sein Geburtstag, und Freunde haben eine große Party in einem neuen Restaurant für ihn geplant. Er möchte das Theater abschließen und Feiern gehen. Spielt die Szene, bis der Konflikt gelöst wird oder der Lehrer abbricht.

Anmerkung: Wenn starke Gefühle aufgewühlt werden und es keine andere Möglichkeit gibt, sie auszudrücken (wie z. B. ein Lied, ein Tanz oder ein Text), ist es wichtig, vor Ende der Klasse über das, was passiert ist, zu reden. Der Lehrer sollte Zeit dafür lassen, wenn nicht, könnt ihr es verlangen.

Andere mögliche Konflikte: 1.) Der Sekretär eines Besetzungschefs, der von seinem Boß angewiesen wurde, alle Anrufer und Besucher abzuwimmeln, wird mit einem bis auf den letzten Pfennig abgebrannten Schauspieler konfrontiert, der von seinem Agenten gehört hat, daß er durch dieses Besetzungsbüro möglicherweise einen Schauspieljob bekommen könnte.

2.) Eine Person, die gerade packt, um ein Flugzeug zu bekommen, das in eineinhalb Stunden abfliegt, ist mit einem früheren Liebhaber konfrontiert, dessen Mutter furchtbar krank ist, und der den Namen eines Arztes braucht, der irgendwo auf einem Buchumschlag in der Wohnung geschrieben steht.

Anwendung
• Um zu lernen, wirklich aus dem Stegreif gut zu reagieren.
• Um zu lernen, mit starken Gefühlen umzugehen.
• Um zu erleben, wie sich eine Szene zu einem Höhepunkt und zu einer Lösung aufbauen kann.
• Um in der Lage zu sein, nachträglich deine eigenen Intentionen zu finden, wenn du einen fertigen Text bekommst.
• Um eine Szene auf einem sehr hohen emotionalen Level zu beginnen.

„Eine Szene aus gegensätzlichen Intentionen kreieren": Birge Funke, Markus Düllmann

Foto: © Archie Kent

Das Lied lebendig halten

1. Wähle ein Lied, und gib deine Noten dem Pianisten. Singe das ganze Lied ohne Begleitung mit deinem eigenen Text, d.h., finde für die dir bekannte Melodie im Moment des Vortrags deine eigenen Worte.
Sie müssen sich nicht reimen und auch kein vollendeter Liedtext sein. Singe das Lied noch einmal mit dem Originaltext und mit Begleitung. Singe den Originaltext genauso lebendig wie deine improvisierten Worte.

Anwendung
• Um den Prozeß der Wortwahl zu verlangsamen und so die Bedeutung der Worte zu entdecken.
• Um das Lied zu deinem eigenen zu machen und so vorzutragen, als wäre es das erste Mal.

2. Erinnere dich an ein bedeutungsvolles Ereignis. „Sieh", was passierte, und drücke deine Gefühle in Nonsens-Sprache aus (siehe S. 115 in diesem Abschnitt), benutze dabei die Melodie des von dir gewählten Liedes.

Singe deinen Nonsenstext ohne Begleitung mit der Absicht, uns den Inhalt verständlich zu machen. Danach singst du das Lied mit Begleitung und mit derselben Intensität, so wie es geschrieben wurde, und teilst uns den Inhalt des Liedtextes mit.

Anwendung
- Um Liedtexte als direktes Ausdrucksmittel starker Emotionen zu entdecken.
- Um das Lied als „Inside" zu benutzen und um auszudrücken, was eigentlich in dir vorgeht (Musical-Theaterspiele und Übungen, S. 106).
- Um Gefühle durch freie Erzeugung von Lauten auszudrücken und neue Wege zu entdecken, ein Lied zu singen.
- Um eine kraftvolle, fokussierte Darstellung zu erreichen.

Rollentausch

Dies ist eine Übung von George Tabori. Sie wird in Partnerszenen angewandt und kann helfen, die Darsteller freier zu machen, und neue Dimensionen in die Beziehung zwischen den Rollencharakteren bringen.
Macht genau das, was der Name dieser Übung erwarten läßt: Tauscht die Rolle mit eurem Partner, und spielt die Szene, die ihr geprobt habt, dieses Mal in der anderen Rolle. Kopiere nicht, was dein Partner gemacht hat. Spreche nicht den genauen Text. Warte nicht auf Regieanweisungen. Improvisiere die Szene, finde deinen eigenen Weg, die Handlung zu spielen und somit Einsicht in das zu bekommen, was die Rolle deines Partners möchte. Dein Partner wird natürlich deine Rolle übernehmen. Spielt die Szene dann noch einmal in der Originalbesetzung. Benutzt in dieser Übung möglichst eine Musicalszene, in der es ein Duett gibt. Obwohl es Probleme mit der Stimmlage geben mag, werdet ihr durch diese Übung ein größeres Verständnis für das Zusammenspiel der zwei Gesangslinien in dieser Komposition bekommen.

Anmerkung: Macht diese Übung nur, wenn die Spieler gegenseitigen Respekt und gegenseitiges Vertrauen haben. Wie ihr euch vorstellen könnt, kann diese Art von Arbeit leicht verletzen und zu Verstimmungen führen.

Anwendung
- Um beiden Schauspielern neue Ideen für ihre Rollen zu geben.
- Um beiden Schauspielern dabei zu helfen, die Rolle ihres Partners und die Probleme der Darstellung dieser Rolle zu verstehen.
- Um Spaß zu haben und die Probenatmosphäre zu entspannen.

Das Zehn-Minuten-Musical

Dies ist eine Übung für drei Personen. Sie wählen unabhängig voneinander Lieder aus und geben ihre Noten dem Pianisten. Danach kommen sie zusammen und kreieren ein kurzes Schauspiel für drei Charaktere, zu dem der Inhalt der drei Lieder paßt. Sie finden einen Titel für ihr „Musical" und beschränken es auf eine Dauer von zehn Minuten. Die Lieder können sehr unterschiedlich voneinander sein, zum Beispiel eine Popballade, eine italienische Arie und eine schnelle Rocknummer. Hier ist ein kurzes Schauspiel, das von unseren Studenten bei einem Workshop in Moskau mit Liedern genau dieser drei Stilrichtungen kreiert wurde:

Der Ankleider eines Rockstars ist insgeheim Komponist. Eines Tages, kurz vor einem Auftritt, bringt er dem Sänger sein neuestes Lied mit in die Garderobe, eine Ballade. Er zeigt es ihm in der Hoffnung, daß dieser es singen werde. Aber vergeblich! Der Star geht auf die Bühne und singt eine schnelle Rocknummer. Im Publikum sitzt eine junge Frau, die ihn hemmungslos anhimmelt. Der Star ist daran gewöhnt, von seinen Fans angebetet zu werden und benutzt sie manchmal bei seinen Auftritten. Er holt das Mädchen auf die Bühne. Sie gibt ihm eine Rose, und er küßt sie, worauf sie sofort in Ohnmacht fällt. Der Ankleider, der so etwas schon kennt, fängt sie in seinen Armen auf und trägt sie nach hinten in die Garderobe. Als er sie anschaut, beginnt er, sich zu verlieben. Sie kommt zu sich, und er bietet ihr an, ein Glas Wasser zu holen. Alleine im Raum, findet der Fan die Jacke des Stars, beginnt damit herumzutanzen und summt und singt dabei eine italienische Arie. Der Ankleider kommt zurück mit dem Glas Wasser, und die beiden beginnen eine Unterhaltung. Das Mädchen hat das Lied des Ankleiders auf dem Garderobentisch gefunden und fragt ihn danach. Natürlich denkt sie, daß der Rockstar es geschrieben hat. Aber der Ankleider sagt, daß es von ihm ist und fängt an, das Lied für sie zu singen. An dieser Stelle betritt der Rockstar die Garderobe, und die zwei Männer singen und tanzen das Lied als Duett und wetteifern um die Gunst des Mädchens. Wieder erliegt sie dem Charme des Rocksängers. Aber der Ankleider, der weiß, daß der Star sie nur benutzen und ausbeuten wird, beschließt, um sie zu kämpfen. Er stürzt sich auf den Rocksänger, die beiden raufen, und der Sänger schlägt ihn nieder. Nachdem er sein Gesicht im Spiegel nach Blutergüssen abgesucht hat, reißt der Star seine Jacke aus der Umarmung des Mädchens und macht einen großen Abgang. Der Ankleider hat sich mittlerweile erholt und tröstet jetzt den zurückgewiesenen Fan. Noch einmal singt er sein Lied für sie. Daraufhin ist sie endlich in der Lage, ihn wirklich wahrzunehmen und zu schätzen. Er lädt sie auf eine Tasse Kaffee ein, und sie nimmt an. Er zieht seine Jacke aus, legt sie ihr um die Schultern, und die beiden gehen ab.

Anmerkung: Dies könnte auch ein Musical mit drei Akten sein!

Anwendung

- Um etwas über das Schreiben von Musicals zu lernen, indem du ein eigenes kreierst. Das heißt: Sich eine neuartige Liebesgeschichte ausdenken, den richtigen Moment für das Lied und/oder den Tanz finden usw.
- Um Zusammenarbeit zu lernen.
- Um zu zeigen, was du in jeder der drei Einzeldisziplinen und in ihrer Vereinigung, dem Musical, gelernt hast.
- Um zu lernen, wie jede dieser Disziplinen zum Anhalten oder Vorantreiben der Handlung benutzt werden kann oder dafür, die Publikumsreaktionen zu beeinflussen.
- Um die praktische Seite einer Inszenierung kennenzulernen (Requisiten, Kostüme usw.).
- Um in der Lage zu sein, deine musikalischen Entscheidungen dem Pianisten zu vermitteln.

Stanley Walden, Barbara Walden

Kapitel IV
Praktische Arbeit mit der Laban-Theorie

Rudolf Laban, geboren 1879 in Bratislava, Tänzer und Choreograph, entwickelte ein System, Bewegung zu analysieren und zu notieren, das philosophische Fragen über Sein und psychologische Fragen über das Wesen des Einzelnen berührt. Sein Werk wurde von Tänzerinnen, Choreographinnen, Schauspielerinnen, Athletinnen, Erzieherinnen, Psychotherapeutinnen und Industriellen benutzt. In unserer Arbeit haben wir bis heute nur zwei seiner Themen eingesetzt, die eine hat mit der Formveränderung des Körpers im Raum zu tun, die andere mit dem Antrieb, den die Sich-Bewegende einsetzen muß. Laban faßte diese beiden Themen zu einer Einheit zusammen, die er „Antrieb/Formen" nannte und heute „Laban Bewegungsstudien" genannt wird. Wir haben diese beiden Themen auf einfache Weise angewandt, und sie haben sich für unsere Studentinnen in vielerlei Hinsicht als brauchbar erwiesen, mehr als selbst wir uns vorstellen konnten.

Das Formen

Das Formen ist sowohl die Art, wie der Körper den Bereich um sich herum formt, als auch die Art, wie er sich selbst im Raum formt. Es ist auch möglich, den inneren Raum des Körpers zu formen. Wir sprechen von einem Prozeß, einer sich eher bewegenden als statischen Vorstellung. Wir beschränken unsere Benutzung des Formens auf die Arbeit mit Flächen: die vertikale, die sagittale und die horizontale.

Flächen
Steigen/Sinken – In der vertikalen Fläche bewegt sich der Körper auf und ab und formt sich durch Steigen und Sinken. Wenn diese Fläche von einer einzigen Sich-Bewegenden benutzt wird, kann sie sich mit Fragen der Autonomie beschäftigen. Wenn sie von einem Duo oder einer Gruppe benutzt wird, können sie sich mit dem Thema der Macht in Beziehungen auseinandersetzen, d. h. wer oben, wer unten und wer auf gleichem Stand ist.

Vorstreben/Zurückziehen – Die Sich-Bewegende kann diese Fläche (die Vorwärts-/Rückwärts- oder sagittale Fläche) dazu benutzen, sich mit dem Themengebiet Mut befassen. Wenn sich ein Duo oder eine Gruppe darin bewegt, können sie sich mit dem Status in Beziehungen auseinandersetzen: Wer ist voraus und wer zurück, wer zieht an und wer wird angezogen, wer weist zurück und wer wird zurückgewiesen.

Bild S. 134/135 Laban Arbeit-„Drücken" „Bahn frei!"-Probe: Ulrike Stürzbecher, Modjgan Goudarzi, Nicola Fütterer, Marion Musiol, Alexandra Fabeck, Wendy Kamp, Paul de Vries, Andreas Göbel   Foto: © Margarete Redl-von Peinen

Ausbreiten/Schließen – Wenn Ausbreiten/Schließen von einer einzelnen Sich-Bewegenden (in der Rechts-/Links- oder horizontalen Fläche) eingesetzt wird, können Themen der Privatsphäre behandelt werden. In einem Duo oder einer Gruppe kann es um den Gedanken des „Teilhabens" in Beziehungen gehen: Wer ist *in* und wer *out*, und wem gegenüber bist du offen und wem gegenüber verschlossen.

Der Antrieb

Der Antrieb hat mit der Qualität der Bewegung zu tun, mit der Art, wie eine Person ihre Energie gebraucht. Laban teilte ihn in vier Bewegungsfaktoren: Fluß, Gewicht, Zeit und Raum.

Bewegungsfaktoren

Fluß – eine Haltung zur Energiezirkulation im Körper, die aus dem Atem resultiert und sich durch die gegensätzlichen Elemente *gebunden* und *frei* in der Bewegung manifestiert.

Gewicht – eine Haltung zur Schwerkraft, die sich durch die gegensätzlichen Elemente *leicht* und *kraftvoll* in der Bewegung manifestiert.

Zeit – eine Haltung zur Dauer, die sich durch die gegensätzlichen Elemente *ausgehalten* und *plötzlich* in der Bewegung manifestiert.

Raum – eine Haltung zum Fokus, die sich durch die gegensätzlichen Elemente *direkt* und *indirekt* (oder *flexibel)* in der Bewegung manifestiert.

Die acht elementaren Antriebsaktionen

Sie bestehen aus den acht möglichen Kombinationen der Bewegungsfaktoren Gewicht, Raum und Zeit. Fluß wird als in jedem Moment unseres physischen Lebens sowieso anwesend erachtet, und so wird er in den Antriebsaktionen nicht extra erwähnt, d. h. ein Peitschen *ist* frei und ein Wringen *ist* gebunden, auf Grund von der Kombination der anderen drei Bewegungsfaktoren.

Die acht elementaren Antriebsaktionen	Die Bewegungsfaktoren		
	Gewicht	**Raum**	**Zeit**
1) Stoßen	kraftvoll	direkt	plötzlich
2) Drücken	kraftvoll	direkt	ausgehalten
3) Flattern	leicht	flexibel	plötzlich
4) Tupfen	leicht	direkt	plötzlich
5) Wringen	kraftvoll	flexibel	ausgehalten
6) Peitschen	kraftvoll	flexibel	plötzlich
7) Gleiten	leicht	direkt	ausgehalten
8) Schweben	leicht	flexibel	ausgehalten

Übungen. Das Formen

Authentische Bewegung

Die erste Übung, in der wir mit dem Laban-Material arbeiten ist die Authentische Bewegung (siehe Kapitel III für eine ausführlichere Beschreibung). Es handelt sich hierbei um eine Partnerübung, in der du entweder die Sich-Bewegende mit verbunden Augen oder die Zeugin bist.

Wir verteilen diese Übung auf einen Zeitraum von vier Unterrichtseinheiten. In der ersten wirst du als Sich-Bewegende angewiesen, dich nur in einer Fläche zu bewegen, zum Beispiel der vertikalen (Steigen/Sinken).

In der zweiten Stunde sollst du dich in einer anderen Fläche bewegen, vielleicht der sagittalen (Vorstreben/ Zurückziehen) und im dritten Unterricht in der verbleibenden Fläche, hier der horizontalen (Ausbreiten/Schließen).

In der letzten dieser Unterrichtseinheiten wirst du dich in allen drei Flächen bewegen.

Nach jedem Durchgang sprichst du mit deiner Partnerin über die Erfahrung, und anschließend wird sie dir berichten, was sie als Zeugin gesehen hat, bevor ihr dann die Rollen tauscht.

Eine Variation besteht darin, diese Übung in einer oder allen Flächen ohne Augenbinde durchzuführen. Du kannst deine Augen, während du dich auf dem Platz bewegst, geschlossen halten, öffne sie aber, wenn du dich durch den Raum bewegst.

Anmerkung: Es könnte notwendig sein, die Anzahl der Sich-Bewegenden mit Augenbinden zu beschränken, um Kollisionen zu vermeiden.

Anwendung
- Um „du selbst" vor einem Publikum zu sein.
- Um dich aus einem echten Impuls heraus, aber innerhalb einer vorgeschriebenen Richtung zu bewegen.
- Um die Unterschiede zwischen den Flächen und die Verbindungen zwischen Bewegen, Fühlen und Denken zu entdecken.
- Um zu lernen, wie man Zeugin ist, ohne zu bewerten oder zu projizieren.
- Um sowohl als Sich-Bewegende als auch als Zeugin in der Lage zu sein, zu Bildern und Gedanken frei zu assoziieren.

Die Flächen innerhalb eines Quadrates kombinieren

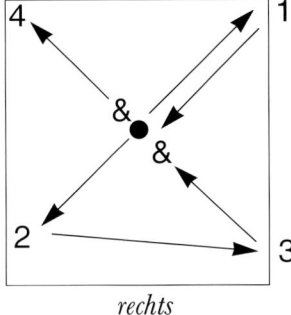
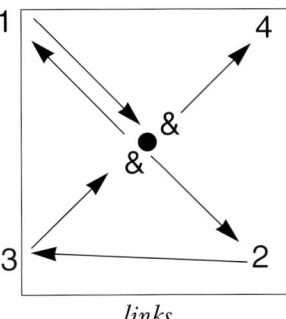

rechts   *links*

Diese kurze Tanzkombination ist von Irmgard Bartenieffs Lehre übernommen, die Labans Arbeit mit Antrieb und Formen aus ihrer Heimat Deutschland in die Vereinigten Staaten brachte.

Stelle dir ein Quadrat vor. Der Drehpunkt aller Bewegungen der folgenden Sequenz ist der Punkt im Zentrum des Quadrates. Beginne dort stehend.

Auf die erste Zählzeit „1" gehe einen Schritt diagonal nach vorne auf deinen rechten Fuß, und gehe auf halbe Spitze, also zur gleichen Zeit Vorstreben-Ausbreiten-Steigen in Richtung der rechten „Downstage"(Bühnenvordergrund)-Ecke des Quadrates. Setze deine Arme in Opposition ein, d. h., bei diesem Anfangsschritt hebt sich dein linker Arm nach vorne auf Schulterhöhe und der rechte Arm rechts zur Seite auf Schulterhöhe.

Auf „und" falle ins *Plié* auf deinen linken Fuß zurück in das Zentrum des Quadrates. Laß deine Arme an den Körperseiten fallen.

Auf „2" vertiefe das *Plié*, verdrehe deinen Oberkörper nach links und runde ihn nach vorne (Zurückziehen-Schließen-Sinken), während dein rechter Fuß mit etwas Gewicht die linke „Upstage"(Bühnenhintergrund)-Ecke des Quadrates berührt. Deine Arme strecken sich vor deinen Schultern gegen den Boden aus.

Auf „und" verlagere dein gesamtes Gewicht auf deinen linken Fuß und kehre in eine aufrechte Position zurück, die Arme fallen zur Seite.

Auf „3" mache einen Schritt diagonal nach hinten in die rechte Upstage-Ecke des Quadrates auf deinen rechten Fuß, und gehe auf *halbe Spitze* (Zurückziehen-Ausbreiten-Steigen), führe die Arme dabei zur Seite bis auf Schulterhöhe.

Auf „und" falle nach vorne in das Zentrum des Quadrates in ein *Plié* auf dem linken Fuß. Laß deine Arme zur Seite fallen.

Auf „4" setze die Vorwärtsbewegung fort und falle in Richtung der linken Downstage-Ecke des Quadrates, fange dein Gewicht auf deinem rechten Fuß

1

4

2

3

5

6

im *Plié* auf, während du deinen Oberkörper nach vorne rundest und nach rechts verdrehst (Vorstreben-Schließen-Sinken), dein linker Arm ist dabei vorne, der rechte hinten. Auf „und" verlagere dein ganzes Gewicht auf deinen rechten Fuß, und kehre in eine aufrechte Position zurück, während die Arme zur Seite fallen, bevor du dann die ganze Sequenz auf die andere Seite (links) wiederholst. Du wirst den Fluß in dieser Übung erleben, wenn du auf Vorstreben (oder Zurückziehen)-Ausbreiten-Steigen einatmest und auf Zurückziehen (oder Vorstreben)-Schließen-Sinken ausatmest.

Als Variation kann diese Übung auch auf der Diagonale durch den Raum gemacht werden, wenn man die Größe der Schritte variiert, also die vorstrebenden Schritte größer und die zurückziehenden Schritte kleiner macht. Das rhythmische Verhältnis zwischen den Schritten kann variiert werden, und die Phrase kann auch andere Metren als Grundlage haben.

> **Anwendung**
> • Da diese Übung auf dem Atem basiert, macht sie den Einsatz von Fluß und somit der Phrasierung beim Tanz deutlich.
> • Um die Beziehung zwischen persönlichem Raum (der Kinesphäre) und allgemeinem Raum (dem Studio) einzuführen.

Ein dreiteiliger Gruppentanz unter Benutzung der Fläche

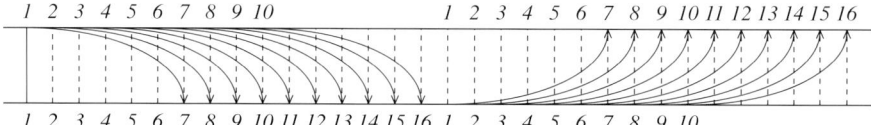

1. Die Welle „*Steigen/Sinken*"

Steht in einer Reihe, parallel und mit dem Gesicht zum Publikum. Du bist zum Beispiel die erste von zehn Personen, die sich bewegt. Auf die erste Zählzeit „1" hebe deine Brust und laß deinen Kopf nach hinten fallen. Auf „2" laß deine Knie weich werden und fahre, einen Fuß leicht vor den anderen gesetzt, auf die Zählzeiten „3" und „4" fort, deinen Körper sich runden und in eine tie-

---

Seite 140/141 „Die Flächen innerhalb eines Quadrates kombinieren" (hier nur nach rechts gezeigt): Marc Basiner   Foto: © Archie Kent

„Die Welle": Falk Berghofer, Eva Thärichen, Marc Basiner, Birge Funke,
Karim Khawatmi, Asita Djavadi, Michael Chadim, Markus Düllmann

Foto: © Archie Kent

fe Kniebeuge sinken zu lassen. Auf „5" fängt dein Kopf an, nach vorne zu
kommen, und bei „7" hast du die Bewegungssequenz in einem tiefen *Plié* mit
rundem Torso beendet. Deine Hände liegen am Boden vor dir, und dein Kopf
ist bis fast auf den Boden nach vorne gefallenen. Bleibe in dieser Position bis
„16". Die zweite Person, die sich bewegt (die Person rechts von dir), wird die
Sequenz auf „2" beginnen und auf „8" beenden und bleibt ebenfalls in der
Schlußposition bis „16". Die dritte Person beginnt auf „3" und so weiter, bis
die ganze Reihe (in diesem Fall zehn Personen) sich wie in einem Kanon bewegt hat, um den „sinkenden" Teil der Welle zu erzeugen, der auf „16" endet.
Um den „steigenden" Teil der Welle herzustellen, wird die letzte Person (in
diesem Fall die zehnte) beginnen, sich auf „1" aufzurichten und zu entrollen,
indem sie durch die obige Bewegungssequenz in umgekehrter Richtung geht
und auf „7" die Ausgangsposition erreicht. Der Kopf ist wirklich erst mit „7"
oben auf der Wirbelsäule angelangt. Die neunte Person beginnt auf „2" und
endet auf „8", die achte auf „3" und endet auf „9" usw. bis die ganze Reihe
auf „16" wieder steht. Wiederholt diese Steigen/Sinken-Sequenz noch einmal.

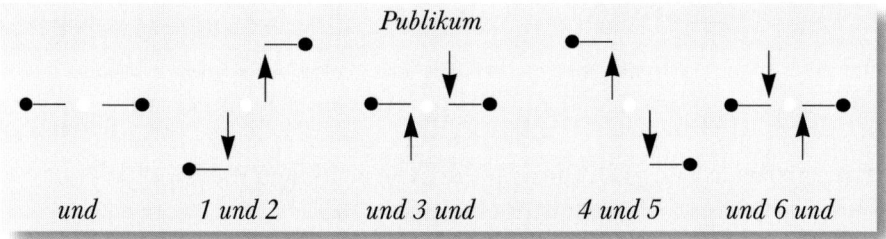

„Die Ausfallschritte" Foto: © Archie Kent

2. Die Ausfallschritte „Ausbreiten/Schließen"

Dieser Teil sollte in einem moderaten 3/4 Takt ausgeführt werden. Auf den Auftakt dreht euch mit dem Gesicht zu der Person, die in der Reihe neben euch steht. Sie wird jetzt eure Partnerin. (Wenn du Nr. 1 bist, wirst du dich ein Viertel nach rechts und deine Partnerin ein Viertel nach links drehen.) Faßt euch gleichzeitig an der linken Hand und auf „1 und" „2" macht beide einen größtmöglichen Ausfallschritt nach rechts auf euer jeweils rechtes Bein. Laßt dabei die rechten Arme über unten organisch zur Seite in die zweite Position schwingen. Ihr werdet die „und" der „2" und die „3" für den Rückfall in eure zueinander gewendete Position benötigen. Wechselt die Hände auf die „und" der „3" und haltet euch jetzt mit rechts. Auf „4 und" „5" macht jeder einen Ausfallschritt so weit wie möglich nach links auf das linke Bein und läßt dabei den linken Arm über unten zur Seite in die zweite Position schwingen. Auf die „und" der „5" und auf „6" fällt zurück, und auf die „und" der „6" steht wieder in der Mitte, Gesicht zur Partnerin und wechselt die Hände. Wiederholt diese Phrase auf sechs Zählzeiten insgesamt vier Mal.

3. Die Ja-/Nein-Brücke „Vorstreben/Zurückziehen"

Nach der vierten Wiederholung der obigen Abfolge auf sechs Zählzeiten dreht euch auf die „und" als Gruppe um und nehmt sechs zusätzliche Zeiten, um in eine Ecke zu rennen, damit ihr den folgenden Teil beginnen könnt, der eine Brücke aus Körpern auf der Diagonalen schafft.

Die erste Person bewegt sich in Richtung der diagonal gegenüberliegenden Ecke in ihrem eigenen Tempo, nachdem sie entschieden hat, ob sie sich zu dieser Ecke *hinbewegt* oder von der, in der sie ist, *wegbewegt* und ob sie sich in diese oder von dieser Richtung bewegen will oder nicht. (Daher der Name dieser Übung: Ja/Nein.) Zum Beispiel: Sie strebt vor, um ihren Zukünftigen bei einem vorher vereinbarten Rendezvous zu treffen, möchte aber nicht wirklich hingehen und bewegt sich deswegen in *gebundenem Fluß*. Sie geht nur ein paar Schritte weit und hält dann in einer Position an, die ihren Gefühlen Ausdruck verleiht. Du bist die nächste. Du hast dich für eine Situation entschieden, in der du von einem Hund verfolgt wirst und unbedingt von hier weg und nach Hause mußt. So schnell es geht, wirst du dich rückwärts bewegen (Zurückziehen in *freiem Fluß*), bis du kurz über die erste Person hinaus bist.

Vielleicht fällst du beim Anhalten auf den Boden, hältst aber trotzdem physischen Kontakt mit ihr. Du wirst dann in deiner Position bleiben, bis jedes Gruppenmitglied einmal dran war und eine Verbindung mit der Person vor ihr hergestellt hat – die diagonale „Brücke" ist vollendet. Es ist bei dieser Übung kein durchgehender Rhythmus einzuhalten. Die nächste Person beginnt immer dann, wenn sich ein neues „Glied" an die Kette angeknüpft hat. Auf ein Zeichen der Lehrerin läßt die Gruppe los, und jede Person führt ihre Aktion zu Ende, d. h., sie kommt an ihrem Bestimmungsort an.

Findet jetzt einen Weg, alle drei Teile (die Welle, die Ausfallschritte und die Brücke) in einem Tanz zu vereinen.

Anmerkung: Die Art, wie die Gruppe von einem Teil in den nächsten fließend übergeht, ist genauso wichtig wie die einzelnen Teile selbst.

Anwendung
- Um diesen Bestandteil der Arbeit mit Formveränderungen in einen strukturierten, improvisierten Tanz zu bringen.
- Um den Aspekt der Intention in den Tanz aufzunehmen.
- Um eine Struktur für physischen Kontakt und dramatische Spannung in einem ausgedehnten Gruppentanz zu schaffen.
- Um eine Struktur für die Lösung dieser Spannung zu schaffen.
- Um zu lernen, als Team zu arbeiten.
- Um die Bedeutung des Phrasierens zu entdecken.
- Um anzufangen zu choreographieren.

Singen in der sagittalen Fläche

Vorstreben und Zurückziehen eröffnen mindestens vier (anstelle von zwei) Motivations- oder Aktionsmöglichkeiten in Verbindung mit dem Flußfaktor, d. h.: *Vorstreben in freiem Fluß* = „Ich möchte da hinkommen" oder in *gebundenem Fluß* = „Ich möchte da nicht hinkommen". *Zurückziehen in freiem Fluß* – „Ich möchte hier weggehen" oder in *gebundenem Fluß* „Ich möchte hier nicht weggehen". Konflikte schaffen zusätzliche Möglichkeiten, d. h.: „Ich möchte da hinkommen, aber ich möchte nicht von hier weggehen." „Ich möchte da nicht hinkommen, aber ich möchte auch nicht hier bleiben."

Wähle ein Lied aus, und gib die Noten der Pianistin. Gehe in eine Ecke des Raumes, und entscheide dich für eine der obigen vier konfliktfreien Möglichkeiten. Dein Lied bestimmt deine Wahl: Wenn du zum Beispiel eine Frau bist, die AUS MEINEN TRÄUMEN aus „Oklahoma" singt, könntest du dich entschließen, daß du da hin, nämlich in seine Arme, willst. Richte deine ganze Aufmerksamkeit gezielt auf die dir diagonal gegenüber liegende Ecke, als ob er dort wäre, und gehe mit der von dir gewählten Motivation in die Mitte des Raumes. Bleibe dort stehen. Singe dein Lied mit Begleitung, konzentriert auf diese gegenüberliegende Ecke und mit der Motivation, zu ihm zu gehen: „Ich will da hin". Wenn du anfängst zu singen, erlaube dir, dich natürlich, aber minimal zu bewegen. Wenn du diese Übung wiederholst, könntest du auch die „Aus meinen Träumen"-Idee übernehmen. Dafür müßtest du eine Wahl bezüglich der Ecke treffen, die du verläßt. Dies könnte deine Motivation verstärken oder es könnte eine der oben erwähnten zusätzlichen Möglichkeiten, einen Konflikt, hervorrufen, wenn du deine Träume lieber nicht verlassen möchtest. Dein Fokus wäre immer noch auf den diagonal liegenden Ecken des Raumes, in der sagittalen Fläche, eindeutig vorwärts und rückwärts, aber dein Wunsch von dort, wo du bist, fortzugehen oder dort zu bleiben und *zusätzlich* der Wunsch, da hinzukommen, wo du hinwillst, könnte das ganze noch interessanter machen.

Anmerkung: Wie bei jeder Labor-Arbeit ist auch dies eine Untersuchung und keine Inszenierung.

Anwendung
- Um die Aufmerksamkeit des Darstellers zu fokussieren.
- Um den Aspekt der „Intention" zu physikalisieren, indem man ihn auf die spezifischen räumlichen Vorgaben reduziert: „Ich will"=Vorstreben und „Ich will nicht" =Zurückziehen.
- Um die möglichen Variationen in komplizierteren Szenarien zu erforschen und zu entdecken, was innerhalb des Körpers und dadurch mit dem Lied passiert.
- Um zu lernen, jemanden anzusingen, der nicht anwesend ist, und um die Vortragsweise stark und klar zu machen.

Variation

Beginne wie oben beschrieben. Bei dieser Variation jedoch wird, wenn du in die Raummitte kommst, der imaginäre Fokus deines Liedes durch eine Studentin ersetzt, die dir gegenüber in der Ecke steht. Du fängst an, in der sagittalen Fläche zu singen (Vorstreben/Zurückziehen). Deine Partnerin reagiert nonverbal. Sie wird dich entweder spiegeln und sich in dieselbe Richtung und in derselben Fläche bewegen (zum Beispiel: Vorstreben in der sagittalen Fläche), oder so auf dein Lied reagieren, daß sie sich in die entgegengesetzte Richtung dieser Fläche (Zurückziehen) oder in einer der anderen Flächen (vertikal, Steigen/Sinken, oder horizontal, Ausbreiten/Schließen) bewegt. Du kannst dir aussuchen, ob du, während du singst, weiterhin Bewegungen initiieren willst, oder ob du die Bewegungen, die deine Partnerin als Reaktion auf dein Lied macht, spiegelst. Während du das Lied zu Ende singst, erforschst du aktiv die Nutzung der Flächen als Ausdruck des Liedinhaltes und deiner Beziehung zu deiner Partnerin.

Anwendung
- Um die Aufmerksamkeit des Darstellers zu fokussieren.
- Um dem Schauspieler Einblick in die mögliche Vielfalt der Intentionen zu geben und sie durch ihre Physikalisierung zu verdeutlichen, d. h. einfach: „Ich gewinne" = Steigen, „Ich verliere" = Sinken, „Ich gebe" = Ausbreiten, „Ich halte zurück" = Schließen, „Ich liebe" = Vorstreben, „Ich fürchte" = Zurückziehen.
- Um innerhalb einer sich verändernden Beziehung zu singen.
- Um im Hier und Jetzt zu agieren.

Von den Flächen zu Beziehungen

Deine Klasse wurde in zwei Gruppen aufgeteilt. Von gegenüberliegenden Wänden beginnend treffen sich je eine Person aus jeder Gruppe auf halbem Wege. Nachdem ihr euch getroffen habt und euch gegenübersteht, bewegt ihr euch langsam in gegensätzliche Richtungen in der vertikalen Fläche, d. h., du steigst, während deine Partnerin sinkt. Danach kommt ihr beide auf die gleiche Ebene zurück und bewegt euch dann weiter (deine Partnerin steigt, während du sinkst). Nachdem ihr abermals auf der gleichen Ebene angelangt seid, geht ihr in eure jeweilige Gruppe zurück, und das nächste Paar beginnt die Übung. Eine mögliche Variation ist, daß ihr beide gemeinsam steigt und sinkt, euch also zur gleichen Zeit in die gleiche Richtung bewegt.

Beim zweiten Durchgang strebt ihr beide vor, um euch zu treffen. In der Raummitte strebt der eine weiter vor, während der andere zurückzieht. Dann wechselt ihr die Richtungen und endet damit, daß ihr euch beide schließlich zurück in eure Gruppen bewegt (Nutzung der sagittalen Fläche). Es ist auch möglich, daß beide zur gleichen Zeit vorstreben und zurückziehen.

Das letzte Treffen schließt die horizontale Fläche ein, und ihr geht abwechselnd in ein Ausbreiten und ein Schließen. Vielleicht benutzen beide zur gleichen Zeit Ausbreiten und Schließen und erleben dabei eine Umarmung.

> **Anwendung**
> • Um Beziehungen auf einer rein physischen und räumlichen Ebene zu erforschen.
> • Um zu verstehen, daß „Insides" (siehe Kapitel III) physisch sind.
> • Um zu lernen, daß der Einsatz des Körpers helfen kann, Gefühle hervorzurufen und Gefühle den Körper verändern werden.

Improvisationen in einer Fläche, der Einsatz von Formveränderung in einer Szene

Du bekommst eine Situation vorgegeben, in der du als Elternteil gegen den Wochenendausflug deiner Tochter mit ihrem Freund bist. Ihr sollt in der vertikalen Fläche (Steigen/Sinken) arbeiten. Wenn ihr beginnt, bist du in der höheren oder mächtigen Position und deine Partnerin, in der Rolle der Tochter, ist in einer niedrigeren Position, scheinbar machtlos. Ihr improvisiert so lange Text, bis die Pianistin anfängt, Akkorde auf dem Klavier zu improvisieren. An diesem Punkt wechselt ihr allmählich die Positionen, d. h., deine Tochter gewinnt die Oberhand, und du verlierst die Macht, sie zurückzuhalten. Die Position deiner Tochter steigt und deine sinkt. Dieser Wechsel in der Übung wird wie eine Oper gesungen. Bevor die Musik einsetzt, improvisiert ihr euren gesprochenen Dialog, nachdem die Musik angefangen hat, improvisiert ihr euren gesungenen Text in Form von Soli und/oder Duetten. Die Szene ist beendet, wenn der Konflikt nach Erreichen eines Höhepunktes gelöst ist. Die Formveränderung hat innerhalb eurer Beziehung stattgefunden.

Zwei andere von uns benutzte Situationen: Eine Frau versucht einen Mann in einer Bar aufzureißen (in der sagittalen Fläche, Vorstreben/Zurückziehen), und ein unverschämter Teenager schüchtert einen anderen Fahrgast in der U-Bahn ein (in der horizontalen Fläche, Ausbreiten/Schließen).

Anwendung

- Um dir dabei behilflich zu sein, den Rollen einen Körper zu geben.
- Um dir die dramatische Spannung, die in ungleichen Beziehungen existiert, und den daraus resultierenden Druck nach Auflösung bewußt zu machen.
- Um singen genauso natürlich werden zu lassen wie sprechen.
- Um dich weniger rollen- oder ichbezogen, dir die Beziehungen zwischen den Charakteren bewußter und dich darauf aufmerksam zu machen, was passieren muß, damit sich diese Beziehungen ändern.
- Um dir die dramatische Entwicklung in einer Szene bewußt werden zu lassen.

Übungen. Der Antrieb

Die Bewegungsfaktoren erfahren (eine nonverbale Übung)

a) Fluß ·······················► *Gebunden*

Trage eine volle Schüssel mit heißer Suppe über einen frisch gewachsten Boden („So als ob" natürlich).

·······················► *Frei*

Kollabiere, nachdem du sie abgesetzt hast.

Anwendung
• Um das Gefühl von Spannung oder „Anhalten" des Atems und der Muskeln und sein Gegenteil, die anschließende Erleichterung beim Loslassen des Atems und der Entspannung der Muskeln, zu erleben.

Anmerkung: Dasselbe kann auch im Fall und Rückprall von Schwüngen erlebt werden.

b) Gewicht ··············► *Leicht*

Eine Pfütze ist mit dünnem Eis bedeckt. Gehe darüber, ohne daß das Eis bricht.

·····················► *Kraftvoll*

Spielt ein imaginäres Volleyballspiel, spielt den imaginären Ball jemandem zu und schlagt ihn über das imaginäre Netz hin und her.

Anwendung
• Um dein Gespür für Gewicht erst in deiner Brust *(leicht)* und dann in deinem Becken *(kraftvoll)* zu erleben.

Anmerkung: Kraftvoll ist nicht dasselbe wie schwer und *leicht* ist nicht dasselbe wie schwach.

c)   Zeit   ······· ➤ *Plötzlich*

Bereite dich auf ein Rennen vor. Der Kampfrichter ruft „Achtung, auf die Plätze, fertig…" und du bist übermotiviert und startest zu früh.

······· ➤ *Ausgehalten*

Es wird spät, aber du möchtest ein Treffen mit Freunden noch nicht verlassen und findest ständig Ausreden, um dein Weggehen aufzuschieben. Endlich entscheidest du dich, über Nacht zu bleiben. Tue dies wortlos, konzentriere dich nur darauf, wie es sich anfühlt, wenn die Zeit einfach so dahinfließt.

Anwendung
- Um zu verdeutlichen, was mit einer Haltung zur Zeit gemeint ist. Das eine Extrem ist ein plötzlicher Impuls, der einen Fehlstart verursachen kann, und das andere ist ein Aufschub, der die Stunde der Wahrheit verzögern kann. Wenn ihr als Sänger und/oder Tänzer mit Musik zu tun habt, können beide Zeitfaktoren, kenntnisreich eingesetzt, zu einer ganz eigenen, kostbaren Phrasierung führen.

d)   Raum ······· ➤ *Direkt*

Du bist der Elternteil eines Kindes auf dem Spielplatz. Behalte dein Kind im Auge.

······· ➤ *Indirekt (oder flexibel)*

Du bist eine Lehrerin, die für zehn Kinder auf dem Spielplatz verantwortlich ist. Versichere dich, daß keines gefährdet ist.

Anwendung
- Um dir den Unterschied zwischen einem einzigen Fokus und mehreren Fokussen bewußt zu machen. Beachte, daß „*indirekt*" nicht „ohne Fokus" bedeutet. Es bedeutet *flexibel*.

Gangarten analysieren

Die Gruppe formt auf dem Boden sitzend einen großen Kreis, und jede Studentin geht einmal im Inneren des Kreises herum. Die anderen versuchen zu bestimmen, ob der Gang der Gehenden *gebunden* oder *frei* ist (Fluß), und auch, welches Element dieses Faktors in den verschiedenen Körperteilen vorherrscht, also wird zum Beispiel der Kopf starr gehalten oder wird er in entspannter Weise balanciert. Sie beobachten sorgfältig und bemerken, ob die Energie der Gehenden über die Zeit *ausgehalten* wird, ruhig fortlaufend und ohne Änderung ist oder ob jeder Schritt *plötzlich* angesetzt wird. Sie achten darauf, ob der Blick der Gehenden einen *direkt*en Fokus im Raum hat oder ob ihre Augen über die Gruppe und im Raum herum wandern, d. h. *indirekt*. Und sie versuchen zu hören, ob der Schritt der Gehenden *kraftvoll* oder *leicht* ist (Gewicht). Die Gehende geht so lange im Kreis herum, wie zum Erstellen der Analyse nötig.

Manchmal ist es schwierig, die Faktoren Raum und Gewicht zu analysieren, weil die Gehenden so mit ihrem inneren Raum beschäftigt sind, daß sie überhaupt keine Haltung gegenüber dem äußeren Raum einnehmen, oder sie haben ihre Energie fallen lassen, was Schwere oder „totes Gewicht" erzeugt und die Aufgabe des Gewichtfaktors bedeutet.

Anwendung
- Um dich darin zu schulen, die subtilen, aber klaren Unterschiede zwischen Menschen zu sehen und zu analysieren.
- Um dich mit deinem persönlichen Gang vertraut zu machen und dich auf neue Art kennenzulernen.

Improvisationen mit den Bewegungsfaktoren

Die Klasse teilt sich in zwei Gruppen und geht in gegenüberliegende Ecken.

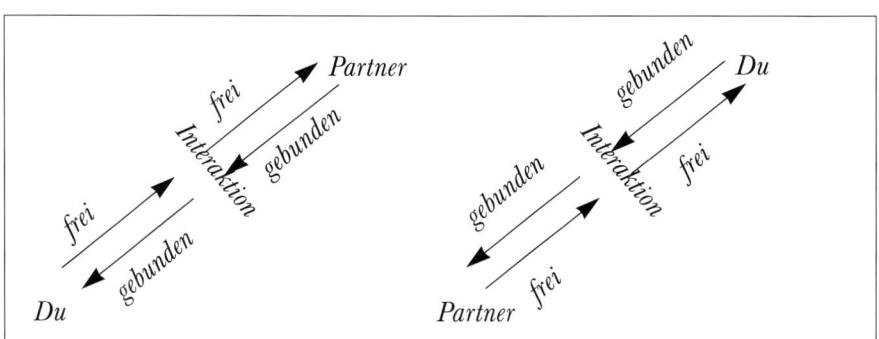

1.) Eure Lehrerin ruft einen Bewegungsfaktor, zum Beispiel: Fluß. Du und dein Gegenüber bewegt euch in diesem Bewegungsfaktor improvisierend aufeinander zu. Ihr trefft euch in der Raummitte, findet eine Beziehung zueinander und geht dann jede weiter zu der ihr gegenüberliegenden Ecke, wobei ihr die Position und Gruppe tauscht.

2.) Wenn ihr in der Ecke gegenüber angekommen seid, wiederholt ihr diese räumliche Anordnung, so daß ihr beide an euren Ausgangspositionen und in eurer ursprünglichen Gruppe endet.

Danach beginnen die nächsten zwei ihren Auftritt aus den gegenüberliegenden Ecken usw., bis die ganze Klasse im Flußfaktor improvisiert hat. Nach dieser ersten gibt es eine zweite Runde, in der sich jedes Paar einen Bewegungsfaktor aussucht, ausgenommen dem, den es bereits in der ersten Runde benutzt hat, und so weiter, bis die Übung viermal von der gesamten Klasse mit jeweils einem anderen Bewegungsfaktor durchgeführt worden ist (siehe Anmerkung).

Ihr tanzt unter Einsatz der Bewegungsfaktoren Fluß, Gewicht, Zeit und Raum zu Musik. Denkt daran, daß jeder Faktor in zwei Möglichkeiten, d. h. extreme oder gegensätzliche Haltungen zu diesem Faktor, aufgeteilt ist: Fluß – frei / gebunden, Gewicht – kraftvoll / leicht, Zeit – plötzlich / ausgehalten, Raum – direkt / indirekt. Beim ersten Übungsdurchgang, bei dem deine Partnerin und du den Flußfaktor benutzt, könntest du in freiem und deine Partnerin in gebundenem Fluß beginnen. Wenn ihr in der gegenüberliegenden Ecke angekommen seid, wirst du in gebundenem und deine Partnerin in freiem Fluß zurückkehren.

Anmerkung: Nach der ersten Runde mit vorgegebenem Bewegungsfaktor müssen die Partner sehr sensibel aufeinander reagieren, weil in den folgenden drei Runden die Bewegungsfaktoren von dem Duo gewählt werden und für jedes Duett unterschiedlich sind.

Wenn du in der zweiten Runde zum Beispiel siehst, daß deine Partnerin anfängt, einen Stakkato-Tanz zu improvisieren, tanzt du in einem getragenen Adagio zu ihr (ein Duett im Faktor Zeit). Das euch folgende Paar könnte dagegen den Faktor Gewicht für ihren zweiten *Pas de deux* wählen.

Anwendung
- Um Labans Begriffe noch weiter zu klären und durch sie zu lernen, wie man Bewegung sehen und analysieren kann.
- Um die emotionale Komponente von Tanz zu erfahren.
- Um die Kreation deiner eigenen Choreographie zu ermutigen.
- Um mit deinem eigenen Stil bekannt zu werden, indem du entdeckst, was sich für dich am natürlichsten und angenehmsten anfühlt.

Die acht elementaren Antriebsaktionen

• Was ist *Stoßen?* Jede Bewegung, die kraftvoll, direkt und plötzlich ist, wird Stoßen genannt. Sprünge sind Stöße, ein Karatekick ist genauso ein Stoßen wie die Bewegung einer Faust durch den Raum. Bewegt euch als gesamte Gruppe durch den Raum und wieder zurück, benutzt eure ganzen Körper und entdeckt eure eigenen Arten von Stoßen.

• Jetzt drückt mit euren Händen, euren Rücken, euren Köpfen, als ob ihr einen schweren Schreibtisch über den Boden schieben müßtet. Ein *Drücken* ist kraftvoll, direkt und ausgehalten. Laßt eurer Phantasie freien Lauf, und probiert verschiedene Arten des Drückens aus. Wenn ihr durch den Raum zurückkommt, versucht euch gegenseitig zu schieben und/oder zu ziehen: ein Ziehen ist ein Drücken zu dir hin anstelle von dir weg.

• Fliegen schwirren um dich herum, während du dir einen Weg durch einen Teppich aus herabgefallenem Laub bahnst. Sowohl die leichte, indirekte und schnelle Bewegung deiner Hände beim Verscheuchen der Fliegen als auch die Art, wie du den Weg mit den Füßen von Blättern freimachst, ist ein *Flattern*. Auf dem Rückweg schüttelst du deinen Kopf, um die Fliegen zu vertreiben usw.

• *Tupfen:* Du bist ein kleines Küken in einer Papiertüte, das versucht, sich einen Weg nach draußen zu picken. Bewege dich mit dieser leichten, direkten und plötzlichen Bewegung durch den Raum. Tanze auf dem Rückweg eine kleine Stepeinlage, drücke einmal kurz auf eine Türklingel oder schreibe einen Brief auf einer Schreibmaschine. Mache weiter, und entdecke dabei dein eigenes Tupfen.

• Ein *Wringen* ist kraftvoll, indirekt und ausgehalten. Einen Türknopf drehen, ein Einmachglas öffnen und einen Bauchtanz tanzen sind einige Möglichkeiten. Bewegt euch durch den Raum und wieder zurück, probiert diese Möglichkeiten aus, und findet eure eigenen.

• Beim nächsten Durchgang schlagt ihr mit großen, kraftvollen, indirekten und plötzlichen Achterbewegungen, dem *Peitschen,* euren Weg durch dickes Unterholz im Dschungel. Testet auf dem Rückweg eure eigenen Variationen aus.

• Flugzeuge *gleiten.* Skaters gleiten. Untersucht selbst einige Möglichkeiten, indem ihr euch oder Teile eures Körpers leicht, direkt und ausgehalten bewegt.

• Du kannst deinen Atem auf einem direkten Weg gleiten lassen und einen verblühten Löwenzahn anblasen, so daß er sich zerstreut. Wenn du jetzt deinen Körper einen dieser fortgewehten geflügelten Samen werden läßt, kannst du leicht, indirekt und ausgehalten durch den Raum *schweben.* Schwebt auf eure eigene Art zurück, entweder alleine oder in Verbindung mit anderen.

Improvisiert einen Tanz, und benutzt dabei alle Antriebsaktionen. Es ist auch möglich, eine nonverbale Szene unter Benutzung der Antriebsaktionen zu kreieren; zum Beispiel:

> *Klopfe leicht an eine Tür (Tupfen).*
> *Klopfe stärker, weil niemand antwortet (Stoßen).*
> *Drücke gegen die Tür, und versuche, sie zu öffnen (Drücken).*
> *Versuche es am Türknopf (Wringen).*
> *Die Tür schwingt auf (Gleiten).*
> *Betrete den Raum leichtfüßig (Gleiten).*
> *Halte an und schaue dich um (Schweben).*
> *Fege die Spinnweben weg (Flattern).*
> *Bahne dir über Hindernisse hinweg deinen Weg auf die andere Seite des*
> *Raumes (Peitschen).*
> *Drehe den Türknopf der Tür dort (Wringen).*
> *Ziehe, bis sich die Tür öffnet (Drücken).*
> *Laufe hinaus (Gleiten).*

Anwendung
- Um dich mit den acht elementaren Antriebsaktionen vertraut zu machen und es dir zu ermöglichen, ein größeres Repertoire und eine größere Bandbreite an Bewegungen und Verhaltensweisen zu erleben.
- Um als Folge daraus die Darstellungstechnik zu verbessern.
- Um Studentinnen und Lehrerinnen ein gemeinsames Vokabular zur Verfügung zu stellen.

Sich durch die acht elementaren Antriebsaktionen bewegen

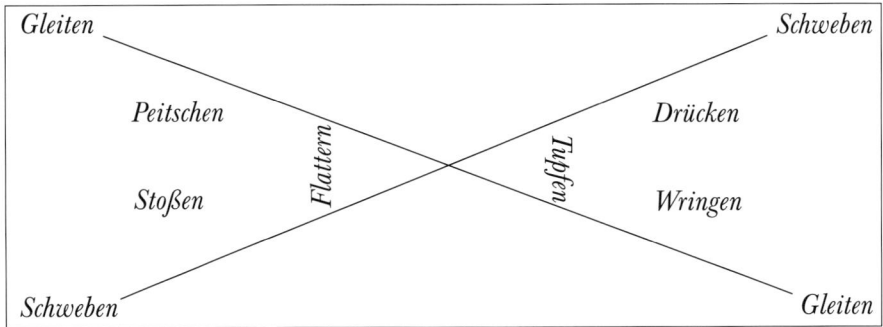

Eure Lehrerin druckt die Namen der acht elementaren Antriebsaktionen groß genug auf Papierbögen, daß sie leicht für euch lesbar sind, wenn sie mit Abstand untereinander auf den Boden gelegt werden (siehe Zeichnung für einen

Anordnungsvorschlag). Während ihr diese Übung macht und euch von einem Bereich des Raumes zum anderen bewegt, sind sie eure Wegzeichen und bestimmen, wie ihr euch in dem jeweiligen Bereich bewegt, benehmt oder wie ihr singt.

Du kannst in irgendeinem von dir bevorzugten Bereich anfangen und dich zu jedem von dir gewünschten Bereich bewegen. Erlebe jede Antriebsaktion mindestens einmal. *Tupfen, Flattern, Stoßen, Drücken, Wringen* und *Peitschen* sind Einzelbereiche, in denen du entweder alleine oder in Beziehung mit anderen (gemäß dem Begriff auf dem Zeichen) reagieren wirst. Wenn du dich aber in die Ecken bewegst, *gleitest* oder *schwebst* du durch die Diagonale von einer Ecke zur anderen frei im Raum *(Gleiten* zu *Gleiten, Schweben* zu *Schweben)*. Die Anordnung der Antriebs-Stationen ist willkürlich, *Gleiten* und *Schweben* dagegen müssen sich in den Ecken befinden.

Anmerkung: Wenn du bei *Drücken* beginnst (siehe obige Zeichnung), mußt du dich in die Ecke begeben und durch die Diagonale *schweben,* wenn du zu *Stoßen* kommen möchtest, d. h., du darfst nicht direkt von Bühne rechts nach Bühne links kreuzen. Dieser Mittelraum ist für die beiden Antriebsaktionen reserviert, mit denen du dich durch den Raum bewegst *(Schweben* und *Gleiten).*

Variation: Ein Solotanz

Du könntest mit *Gleiten* anfangen, tief atmen, die Arme zur Seite auf Schulterhöhe heben und dich gleitend im Ausatmen auf leichte, direkte und ausgehaltene Weise von der Downstage-Ecke Bühne links zur Upstage-Ecke Bühne rechts bewegen. Du wechselst dann zum *Wringen* und erforschst ohne Unterbrechung, auf welche Arten du dich kraftvoll, indirekt und ausgehalten bewegen kannst, indem du dich windest oder verdrehst. Wenn du zu *Tupfen* kommst, wirst du in leichte, direkte, scharfe Bewegungen verfallen. Vielleicht setzt du diese Bewegungen im Bereich *Peitschen* fort, beschränkst aber dort diese kraftvollen, indirekten und plötzlichen Bewegungen auf dein Becken und gehst danach zu einem kraftvollen, direkten und ausgehalten *Drücken* in deiner Brust und deinen Armen über. Leicht, indirekt und ausgehalten von Downstage-Bühne-rechts zu Upstage-Bühne-links schwebend, könntest du dann in den Bereich *Stoßen* (kraftvoll, direkt, plötzlich) springen und in *Flattern* mit einem leichten, indirekten, schnellen Schnippen des Handgelenks enden. Versuche, keine Pausen zwischen den Bereichen zu machen, sondern im Gegenteil Übergänge von einem Antrieb zum nächsten zu finden. Dein Solo kann mit Musik oder in Stille getanzt werden.

Vielleicht möchtest du Formveränderungen in deine Bewegung von Antrieb zu Antrieb einbringen. So könntest du zum Beispiel *Ausbreiten* und durch den Raum gleiten, *Zurückziehen* in Wringen, *Steigen* in Tupfen und *Vorstreben* in Peitschen, *Sinken* in Drücken, *Steigen* in Schweben, *Schließen* in Stoßen, und *Zurückziehen* in Flattern.

Variation: Ein Gruppentanz

Dieselbe Übung wie oben wird von fünf bis acht Personen durchgeführt, die sich zur gleichen Zeit durch dieselben Antriebs-Stationen bewegen und eine Beziehung zueinander finden. Eine Alternative wäre, daß die Gruppenmitglieder sich entscheiden, in verschiedenen Bereichen zu beginnen und mit unterschiedlichen Abfolgen weitermachen. Körperkontakt wird erwartet.

Variation: Eine Schauspielimprovisation in der Gruppe

Während dieselbe äußere Form benutzt wird, d. h., man darf sich nach Belieben von einem Bereich zum nächsten bewegen, spielen diesmal die Gruppenmitglieder miteinander (vielleicht wie auf einer Cocktail-Party) und setzen die emotionalen Aspekte der Antriebsaktionen mit ein. Wenn sie sich zum Beispiel im Bereich Stoßen befinden, könnte ein Streit oder ein Kampf entstehen. Wringen kann Traurigkeit, Unruhe oder Jammern auslösen. Die Gruppe wird in dieser Schauspielvariation ermutigt, die Sprache einzusetzen, wobei sowohl der Klang der Worte als auch die Auswahl dessen, was gesagt wird, von der jeweiligen Antriebs-Station bestimmt werden. Personen in unterschiedlichen Bereichen können zusammen spielen, d. h., ein Wringer und ein Tupfer, zwei Schweber und ein Gleiter, ein Drücker und ein Peitscher usw.

Variation: Eine Geschichte erzählen (Solo)

Erzähle eine kurze Geschichte oder Anekdote, während du dich durch die Antriebs-Stationen bewegst, wobei du die Antriebsfaktoren bestimmen läßt, wie sich Klangfarbe, Phrasierung und Dynamik beim Sprechen verändern. Inhalt und Sprechweise können zueinander passen oder überhaupt keine Beziehung zueinander haben.

Variation: Durch die acht elementaren Antriebsaktionen singen

Wähle ein Lied und eine Antriebs-Station, in der du anfangen möchtest. Singe das Lied, während du dich durch alle sechs Bodenstationen sowie die zwei Diagonalen bewegst, und laß dabei die Antriebsaktionen bestimmen, wie sich Klangfarbe, Phrasierung und Dynamik beim Singen verändern. Wenn du dein Lied wiederholen mußt, um durch alle acht Antriebsaktionen zu kommen, dann tue das.

Anwendung
- Um das Instrument, das Selbst, zu befreien.
- Um eine gemeinsame wertfreie Sprache zu vermitteln, die den Einsatz

von Energie beschreibt und für jeden Aspekt deiner Arbeit gewinnbringend anwendbar ist.
- Um zu überraschen und zu erfreuen. Um jeden von euch auf neue und für euch untypische Weise tanzen, spielen oder singen zu lassen und dadurch Formen, Klänge, Charaktere und Situationen zu schaffen, die für euch nicht „normal" oder alltäglich sind.
- Um einen Weg vorzuschlagen, wie man seinen eigenen Soloauftritt, die wechselnden Beziehungen zwischen Menschen in einer Szene und die Bewegung der Szene selbst analysiert und kreiert.

Ein Sololied

Wähle ein Lied aus. Während du es singst, wird eine deiner Klassenkameradinnen verschiedene Schilder mit den Antriebsaktionen nacheinander hochhalten. Sie kann sie häufig wechseln oder nicht, deine Aufgabe ist in jedem Falle, durch den Namen der Antriebsaktion informiert, den Klang und Stil deines Gesangs entsprechend anzupassen. Du wirst das Lied zweimal für deine Klassenkameradinnen singen: beim ersten Mal auf die übertriebene Art und Weise, die von den Schildern vorgegeben wurde, beim zweiten Mal auf natürlichere Art, ohne daß die Schilder für dich hochgehalten werden, aber immer noch so, daß die Möglichkeiten der Antriebsaktionen deinen Vortrag und den Einsatz deiner Stimme färben. Führe diese Übung von der Bühnenmitte direkt zum Publikum aus. Der Schwerpunkt dieser Übung liegt auf dem Singen, aber du darfst dich auch etwas bewegen, wenn es dir hilft.

Anwendung
- Um die Vorgaben zu beherzigen und Anweisungen zu befolgen.
- Um in der Lage zu sein, diese Ideen in deine eigene Arbeit einzubringen.
- Um immer neue Klänge und stimmliche Möglichkeiten zu entdecken.
- Um so mit der Musik und der Aufgabe beschäftigt zu sein, daß du darüber deine Angst vergißt.

Deinen eigenen Tanz mit Hilfe der Antriebsaktionen kreieren

Wähle die Antriebsaktion, die dir am meisten Spaß macht. Gliedere sie in ihre Elemente auf. Ist sie *leicht* oder *kraftvoll*, *plötzlich* oder *ausgehalten*, *direkt* oder *indirekt?* Welche Antriebsaktion ist ihr Gegenteil? Zum Beispiel: kraftvoll/plötzlich/direkt – leicht/ausgehalten/indirekt (Stoßen – Schweben).
Du kreierst mit deiner Lehrerin eine Tanzfolge mit den Antriebsaktionen, die

du später vorführen kannst. Ihr beginnt mit deiner gewählten Antriebsaktion, ändert dann einzelne Elemente und endet mit der entgegengesetzten Antriebsaktion. Hier sind als Beispiel sechs Möglichkeiten für Stoßen.

Antriebsaktion	Gewicht	Zeit	Raum
Stoßen	kraftvoll	plötzlich	direkt
Drücken	kraftvoll	ausgehalten	direkt
Gleiten	leicht	ausgehalten	direkt
Schweben	leicht	ausgehalten	indirekt

1. Tanzfolge: Stoßen, Drücken, Gleiten, Schweben (Stoßen, Drücken, Wringen, Schweben wäre auch möglich).

oder

Stoßen	kraftvoll	plötzlich	direkt
Tupfen	leicht	plötzlich	direkt
Flattern	leicht	plötzlich	indirekt
Schweben	leicht	ausgehalten	indirekt

2. Tanzfolge: Stoßen, Tupfen, Flattern, Schweben (oder Stoßen, Tupfen, Gleiten, Schweben).

oder

Stoßen	kraftvoll	plötzlich	direkt
Peitschen	kraftvoll	plötzlich	indirekt
Wringen	kraftvoll	ausgehalten	indirekt
Schweben	leicht	ausgehalten	indirekt

3. Tanzfolge: Stoßen, Peitschen, Wringen, Schweben (oder Stoßen, Peitschen, Flattern, Schweben).

Wie du sehen kannst, sind zwischen jedem Paar gegensätzlicher Antriebsaktionen sechs verschiedene Folgen möglich.

Improvisiert jetzt, und probiert verschiedene Folgen aus, bewegt euch dabei von einer Ecke aus auf der Diagonale durch den Raum. Probiert sie getrennt voneinander, eine nach der anderen und als Gesamtheit, d. h. eine auf die andere folgend, probiert sie in verschiedenen Reihenfolgen oder wählt die Folge oder Folgen, die ihr für euren Tanz bestimmt habt.

Ihr braucht nicht alle möglichen Varianten bei der Kreation dieses Tanzes auszuschöpfen, konzentriert euch einfach darauf, einen Tanz zu schaffen, der euch gefällt. Eure Lehrerin kann euch assistieren, indem sie die Wahl für euch trifft und euch willkürlich Folgen zuweist.

Anwendung
- Um dir deines eigenen Tanzstils bewußt zu werden.
- Um einige Hilfsmittel und ein Vokabular für das Schaffen einer originären Bewegungsfolge zu haben.
- Um sich eine Tanzfolge zu merken.
- Um zu lernen, Bewegung zu phrasieren.

Einen Plan der Bodenwege erstellen

Zeichne deinen Plan der Bodenwege (irgendein Muster) auf ein weißes Blatt Papier. Der Punkt zeigt an, wo du auftrittst und abgehst.

Für die Zwecke dieser Übung beginnst und endest du am selben Platz, so daß du deinen Tanz mindestens zweimal wiederholen kannst, ohne zu unterbrechen. Ein Plan der Bodenwege kann sogar aus deinen eigenen Initialen erstellt werden. Zum Beispiel: Gehe dein Muster im Raum ab. Lerne es auswendig, und gehe es zur selben Zeit, in der drei oder vier andere Studentinnen das ihrige abgehen. Nehmt euch dabei auf irgendeine Weise wahr, wenn sich eure Wege kreuzen. Dann versucht als Gruppe, die Flächen (Vorstreben/Zurückziehen, Steigen/Sinken und Ausbreiten/ Schließen) mit einzubeziehen, während ihr eure Muster abgeht.

 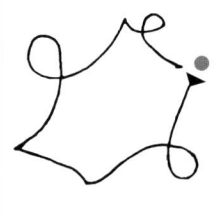  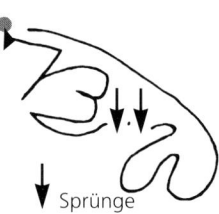

Sprünge

Anwendung
- Um euch bewußt zu machen, daß Tänzer nicht immer mit dem Gesicht zum Publikum tanzen, und daß Tänze eine Form im Raum haben.
- Um die zufällig entstehenden wunderbaren Gruppentänze zu erleben und euch an ihnen zu erfreuen, während sich choreographische Möglichkeiten eröffnen.
- Um den Gebrauch der Formveränderung (Richtungen und Ebenen) in euren Choreographien zu ermutigen.
- Um emotionale Möglichkeiten zwischen Tänzern anzuregen.

Einen Solotanz mit deinem Antriebstanz und deinem Plan der Bodenwege kreieren

Du bekommst mindestens eine halbe Stunde Zeit, um deinen Tanz zu kreieren. Führe deine Antriebsaktionsfolge/-n nach dem Muster deines Plans der Bodenwege aus. Im folgenden Beispiel wurde die Abfolge 2,3,1 aus der Übung „Deinen eigenen Tanz", s. S. 158) benutzt.

Stelle eine exakte Abfolge von Tanzbewegungen zusammen (choreographiere einen Tanz) gemäß dieser Auswahl, so daß du sie jedesmal exakt wiederholen kannst. Es muß bei jeder Aufführung derselbe Tanz sein. Du wirst aufgefordert, ihn zweimal ohne Unterbrechung durchzutanzen. Schließe den Aspekt der Flächen in deine Choreographie mit ein. Denke daran, verschiedene Körperteile, verschiedene Ebenen und klare Punkte für deinen Fokus einzusetzen. Vergiß nicht zu atmen. Sei dir bewußt, wo der Höhepunkt deines Tanzes sein soll, und benutze Dynamik und Phrasierung, um ihn hervorzuheben. Die Pianistin wird zu deinem Tanz improvisieren.

Variation: Kreiert ein Duett, indem zwei Partnerinnen ihre Tänze gleichzeitig tanzen. Nehmt Bezug zueinander auf, schaut euch an und berührt euch.

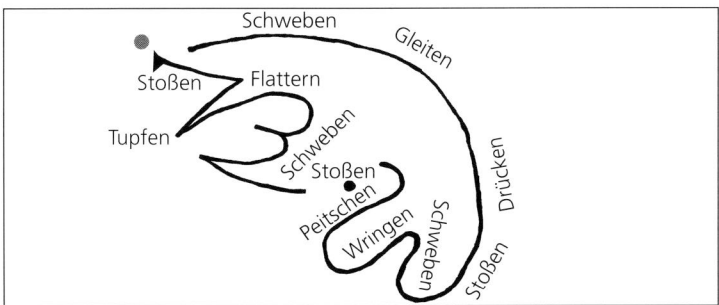

Anwendung
- Um allmählich choreographisches Handwerkszeug zu entwickeln.
- Um etwas über das Vorführen eines Tanzes zu lernen, indem du deinen eigenen Tanz kreierst.
- Um den Zufall dafür zu benutzen, Probleme zu schaffen und Lösungen vorzuschlagen, d. h. neue Möglichkeiten zu entdecken und dich wach zu halten.

Choreographieren zu einem Lied

Wähle ein Lied aus deinem Repertoire. Es muß ein Lied sein, das du sehr gut kennst und von dem du denkst, daß es mit dem Tanz, den du choreographiert hast, zu vereinbaren ist. Gehe dein Lied mit der Pianistin durch, und stelle dann deinen Tanz dazu. Gleiche deine Choreographie so an, daß sie zur Musik paßt und umgekehrt.

Anwendung
- Um sowohl die Probleme als auch die Lösungen zu entdecken, die das Kreieren eines Tanzes zu bereits existierender Musik erzeugt.
- Um allmählich in zwei Disziplinen gleichzeitig zu arbeiten.

Vom Lied zum Tanz – eine Musicalszene mit deiner Choreographie

Du bekommst genug Zeit, an dieser Aufgabe zu arbeiten. Denke dir einen dramatischen Kontext für dein Lied aus. Angenommen du singst WAS MIR FEHLT IST DIE BRAUT aus „Gypsy", das mit „Früher trug ich Sachen, die waren echt zum Lachen" usw. beginnt. Du, ein Mann, hast entschieden, daß du zu Hause bist und von Karen träumst. Du nimmst allen Mut zusammen und rufst sie wegen eines Rendezvous an. Sie willigt ein, mit dir auszugehen. Du verabredest, daß du sie in einer Stunde abholen wirst. Du bist ekstatisch. Du hängst den Hörer auf und gehst zu deinem Schrank. Wenn du deinen Schrank öffnest, beginnst du, das Lied zu singen und singst weiter, während du dich für das Rendezvous anziehst. Du singst das ganze Lied einmal durch. Wenn das Lied das zweite Mal gespielt wird, tanzt du deinen Tanz bis zur „bridge" (dem B-Teil) oder einer vorher vereinbarten Stelle des Liedes. Während du abgehst, um Karen abzuholen, singst du das Lied zu Ende. Selbstverständlich wird dieses Lied in „Gypsy" nicht *so* inszeniert, aber darum geht es uns hier nicht.

Anwendung
- Um mit der Arbeit an einer Musicalszene zu beginnen und dabei alle drei Disziplinen auf einmal einzusetzen.
- „To learn by doing."

Die Verwendung der elementaren Antriebsaktionen in einer Schauspielimprovisation

Du bekommst zusammen mit einer Antriebsaktion eine Rolle in einer Szene zugewiesen. Der Antrieb ist dein Charakter, die Art, wie du gehst, sprichst und dich verhältst. Die Situation ist die einer Geburtstagsparty für einen

Großelternteil, während der die Enkelin, gerade fertig mit dem Gymnasium, ihren Eltern erzählt, daß sie schwanger ist. Ihr Freund trifft kurz danach mit dem Taxi ein.

Die Personen sind:

Rolle	Antriebsmöglichkeiten		
	(es werden hier für jede Rolle zwei vorgeschlagen)		
Großelternteil	*Schweben*	*oder*	*Stoßen*
Mutter	*Stoßen*	*oder*	*Flattern*
Vater	*Wringen*	*oder*	*Drücken*
Tochter	*Tupfen*	*oder*	*Gleiten*
Freund	*Peitschen*	*oder*	*Wringen*
Taxifahrer	*Drücken*	*oder*	*Peitschen*

Zur Klärung: Bei der ersten Möglichkeit verhält sich der Großelternteil auf leichte, ausgehaltene, indirekte Art, vielleicht spricht er gehaucht und gedehnt, schläft immer wieder ein und ist bereit, jede Neuigkeit mit Gleichmut zu akzeptieren. Die Mutter ist kraftvoll, direkt und schnell. Vielleicht ist sie grell und streitsüchtig. Der Vater könnte ein Pessimist und Jammerlappen sein – kraftvoll, ausgehalten und indirekt – das Kind des Großelternteils. Die Tochter ist leicht, schnell und direkt, wiederholt sich eher, als daß sie nachdrücklich klarmacht, was sie will. Sie braucht Hilfe, um gehört zu werden, und liebt es, ihre Eltern zu piesacken. Der Freund haut rücksichtslos rein, wo andere nicht einmal einen Mucks wagen, kraftvoll, direkt, plötzlich. Er ist ihr Schutz vor ihrer Familie. Der Taxifahrer insistiert – kraftvoll, direkt und ausgehalten – drängt (drückt) er auf Bezahlung.

Die Improvisation kann mehrmals wiederholt werden, und dabei können jedesmal den verschiedenen Rollen unterschiedliche Antriebsaktionen zugewiesen werden.

Anwendung
- Um sich auf Umwegen der Rollenanalyse zu nähern, von der anderen Seite sozusagen.
- Um mit nur sehr spärlicher Information zu improvisieren.
- Um bei der Szenenarbeit folgerichtig zu bleiben.
- Um die physischen Eigenarten eines Charakters herauszufinden, d. h. die Bewegungen, die dem Publikum seine Geheimnisse verraten.

Kapitel V

Übungen auf spezifische Ziele zusammenstellen

Um unsere Ziele zu erreichen, bauen wir unseren Unterricht so auf, daß bestimmte Übungen in einer besonderen Reihenfolge kombiniert werden. Unsere Ziele teilen sich in vier allgemeine Kategorien auf: Das Ensemble schaffen. Hemmende Angewohnheiten loswerden und sich nützliche aneignen. Glaubhaft sein. Das Auftreten lernen.

Es folgt für jede der obigen Kategorien ein typischer Unterrichtsaufbau.

Das Ensemble schaffen

Jede neu in den Studiengang kommende Klasse besteht natürlich aus Individuen, die sich normalerweise untereinander nicht kennen und die plötzlich in eine Nähe mit den anderen gerückt werden, die ausschließlich und intensiv ist. In den nächsten vier Jahren werden sie die meisten ihrer wachen Stunden mit ihren Klassenkameraden und Lehrern verbringen. Wenn sie lernen können, wie man zusammenarbeitet, verlaufen ihre vier Jahre im Studiengang angenehmer und produktiver. Sie müssen lernen, miteinander zu „spielen" und die Gruppe zu nutzen, um Darsteller zu werden.

Im ersten und auch allen weiteren Labortreffen versammeln sich Individuen und setzen sich in einen Kreis auf den Boden. Der Boden ist ein großer Gleichmacher, und der Kreis vereint. Die Studenten und Lehrer werden langsam zu einer Gruppe. Die Lehrer sprechen über den Studiengang und laden die Studenten ein, über ihre Erfahrungen damit zu reden. Informationen über Probleme, Auswege und Hilfsmittel werden ausgetauscht. Das Labor als Studienkurs wird besprochen, und damit verbundene Erwartungen und Ängste werden ans Licht gebracht. Die Lehrer, die diese Klasse leiten, erläutern das Programm für die erste Sitzung.

Die Constructive Rest Position (CRP) (Kapitel III, S. 53) ist die erste Übung. Die Studenten werden gebeten, Handtücher und Gürtel aus ihren Tanztaschen zu holen, um sie griffbereit zu haben, falls sie gebraucht werden, und Schuhwerk, das ein Ausrutschen verursachen könnte, auszuziehen. Sie werden angewiesen, „ihren Platz" im Raum zu finden und sich in die CRP zu legen. Der die Übung leitende Lehrer verdunkelt den Raum, korrigiert, wenn notwendig, sanft die Positionen der Studenten und beginnt, sie auf eine Phantasiereise zu schicken, eine Entspannungsübung, die physische Selbstkenntnis fördert (Kapitel III, Seite 65). Die Erfahrung, obgleich zutiefst persönlich,

---

Seite 164/165 Collage „Im Aufbau": Adrienne Manov, Torsten Stoll, Karen Probst, Stephanie Martens, Anna Tape, Ruth Hornemann, Kathleen Herzer, Antje Rietz, Meylan Zhao   ©Margarete Redl-von Peinen

wird von allen im Raum geteilt, und die CRP ist nun Teil des gemeinsamen Wissens der Gruppe.

Diese Übung geht fließend über in die nächste, Summen als Gruppe (siehe Kapitel III, Seite 67). Der Raum füllt sich allmählich mit einem leisen, tiefen Klang. Das Summen energetisiert jeden Teilnehmer sowohl durch den Gebrauch des Atems und die Schwingung des Klanges als auch durch das Anschwellen der von den Klängen der Gruppe erzeugten Akkorde. Die Studenten stehen auf und kommen in engen physischen Kontakt miteinander, um in und gegen eine andere Person zu summen. In die daraus resultierenden intensivierten Klangschwingungen bringen sich beide ein. Die Barrieren zwischen den Partnern fallen, und die Paare spielen, ohne es zu wissen, ihre ersten Liebesszenen. Wenn sie in einem Körper verschmolzen sind, und die ganze Gruppe physisch vereint ist und zusammen summt, wird das Ensemble geboren.

Nachdem sich die Gruppe getrennt hat, formen die Leute noch einmal einen Kreis und sprechen über diese Erfahrung. Bewertung, Kritik und Analyse werden vermieden. Die Studenten werden gefragt „Wie war es für Dich?", und jeder bekommt die Möglichkeit zu antworten. (Für diese Angewohnheit und Philosophie sind wir George Tabori zu Dank verpflichtet.) Die nun folgende „Sound and Movement"-Übung ist ebenfalls energetisierend. Sie verlangt von den Teilnehmern, daß sie spiegeln und improvisieren, und erlaubt ihnen, die Ideen und Impulse eines anderen zu benutzen und damit zu spielen. Die Studenten werden mit ihrem Bedürfnis, gut auszusehen, und ihrer Angst, lächerlich zu wirken, konfrontiert (Kapitel III, Seite 69). Der Lehrer erklärt die Übung, weist dann die Gruppe an, wieder aufzustehen, und sie erst in Kreisform und dann in der Version mit zwei Reihen durchzuführen. Danach ist eine zehn- bis fünfzehnminütige Pause angebracht.

Wenn sich die Klasse wieder versammelt, haben die Studenten die Möglichkeit, über die „Sound and Movement"-Übung, und was sie empfunden haben, zu sprechen. Auf diese Art lernen sie sich selbst und auch untereinander besser kennen. Im Anschluß wählen die Studenten eines der Lieder aus, die sie bei der Zulassungsprüfung gesungen haben, geben ihre Noten dem Pianisten und weisen ihn ein, wie er spielen soll (Tempo, Tonart, Schnitte, Wiederholungen usw.). Einer nach dem anderen singt sein Lied für seine Mitstudenten und die Lehrer, die jetzt als Publikum dasitzen. Dies ist das erste Mal, daß sie sich gegenseitig bei einer Darstellung zuhören und -sehen. Ein klein wenig gesunde Konkurrenz und viel Anerkennung werden sichtbar.

Wir hoffen, daß die Studenten dieses und alle anderen Labors benutzen:
- Um ihre physischen Hemmungen zu verlieren.
- Um mit Einfühlungsvermögen und voller Aufmerksamkeit zuzuhören.
- Um sich zu öffnen und verletzlich zu sein.

- Um darauf zu vertrauen, daß sie in einer Übung füreinander da sein werden.
- Um etwas über sich selbst und die anderen zu lernen.
- Um Ideen anzunehmen und zu geben, von anderen inspiriert zu werden und somit ihre Bandbreite an Möglichkeiten zu erweitern.
- Um zu lernen, daß Tempo, Timing und Energie miteinander verwandt sind.
- Um die Verantwortung zu teilen, eine Übung zum Gelingen zu bringen.

Hemmende Angewohnheiten loswerden und sich nützliche aneignen

Darsteller wollen geliebt werden und brauchen das auch, und sie werden fast alles tun, um Zustimmung zu erreichen und Ablehnung zu vermeiden. Oft kommen Studenten zu uns in den Studiengang von Schulen, Lehrern oder Familien, deren Zuneigung auf Grund von Handlungsweisen gewonnen oder verweigert wurde, von denen wir wünschten, wir könnten sie ignorieren. Sowohl Lob als auch Geringschätzung können besonders am Anfang für einen Darsteller hinderlich sein. Manche Studenten kommen auch mit Ängsten in den Studiengang, die sie fast lähmen. Wenn aber das Bedürfnis zu spielen stärker ist als die Angst, kann dieses Bedürfnis die Unsicherheiten ausgleichen, und mit zunehmender Erfahrung kann das Selbstbewußtsein wachsen.

Im Anfangskreis kümmern sich die Lehrer um Formalitäten und ermutigen den Austausch von Informationen und Ideen der Studenten, bevor sie eine Diskussion über Kritik und ihre Auswirkungen anregen. Um zu verdeutlichen, daß die Reaktion auf Kritik ziemlich persönlich ist und beachtlich variieren kann, wird der Gruppe „Hau den Kritiker" (Kapitel III, Seite 117) vorgestellt.

Die Studenten wählen ihre Partner für diese Unterrichtsstunde und nehmen ihre Plätze im Raum ein. Die Paare arbeiten gleichzeitig. Während ein Partner den anderen beschreibt, wird er für Kommentare, die als verletzend, grausam oder gemein empfunden werden, geschlagen. Der Kritiker kann sich seiner Macht und Fähigkeit, wehzutun, bewußt werden und gleichzeitig die Empfindsamkeit und Sensibilität des Partners entdecken. Der Partner kann sich seinerseits darüber freuen, daß er die Erlaubnis hat, zuzuschlagen und den Kritiker zum Schweigen zu bringen. Auch wenn beide anfangen zu lachen, wäre die Lektion nicht umsonst. Nachdem die Partner die Rollen getauscht haben, können sie mit gleicher Münze zurückzahlen. Auch in der zweiten Hälfte der Übung haben Komplimente, die als Sarkasmus oder Unwahrheit empfunden werden, immer noch einen Klaps zur Folge. Beide Partner bekommen die Gelegenheit, ihre Motive, Bedürfnisse und Reaktionen zu überprüfen und nach Beendigung der Übung mit der ganzen Gruppe darüber zu reden. Der Lehrer erklärt dann „Authentische Bewegung in der sagittalen Fläche (Vorstreben/Zurückziehen)" (Kapitel IV, S. 138). Er verteilt Augenbinden, damit den Augen der Sich-Bewegenden die eigene Erscheinung verschlossen bleibt und um Selbstkritik zu unterbinden. Auch dies ist eine Partnerübung und während sich der Sich-Bewegende bewegt, ist der Partner Zeuge. Sich-Bewegende bewegen sich frei und gemäß ihrer Impulse.

Die einzige Anweisung besteht darin, physisch darauf zu reagieren, wenn sie den Drang verspüren, zu oder weg von jemandem oder etwas zu gehen, sei er/sie/es real, aus der Erinnerung oder imaginär. Wenn die Zeit um ist, werden die Augenbinden entfernt, und die Partner kommen zusammen, um über die Übung zu sprechen. Die Sich-Bewegenden sprechen zuerst. Die Zeugen bitten um Erlaubnis zu kommentieren und tun dies mit großer Sorgfalt und Objektivität. Sie übernehmen Verantwortung für ihre eigenen Reaktionen. Es gibt kein „richtig" oder „falsch" bei der Authentischen Bewegung. Die sich bewegende Gruppe ist klein, aber da sich die Studenten den Raum teilen und nichts sehen können, müssen sie ihre anderen Sinne einsetzen, um Zusammenstöße zu vermeiden. Die Lehrer achten sorgsam darauf, daß keine Unfälle passieren. Die Übung endet, wenn beide Partner einmal Sich-Bewegende und einmal Zeuge waren und über die jeweilige Erfahrung geredet haben. Danach macht die Gruppe eine Pause.

Im zweiten Teil der Stunde erhalten die Studenten die Anweisung, ein Lied auszuwählen und dem Pianisten die Noten zu geben. Anschließend wird ihnen die Übung „Von der persönlichen Anekdote zum Lied, mit Partner" (siehe III. Kapitel, Seite 105) beschrieben. Während die Partner sich in Stühlen gegenüber sitzen, erzählt der eine seinem Zuhörer eine Kindheitserinnerung. Jeder richtet seine ganze Aufmerksamkeit und Energie auf den anderen. Es ist die Erinnerung an einen Moment, der starke Emotionen weckte. Deswegen wurde er in der Erinnerung bewahrt. Während der Erzählung kommen vielleicht wieder starke Gefühle an die Oberfläche – das muß aber nicht sein. Die Aufgabe hier ist es, einfach, direkt und ehrlich zu sein und alles passieren zu lassen, was passiert. Die Aufgabe des Zuhörers ist eigentlich nur Zuhören. Er soll weder einem Publikum zeigen, daß er zuhört, noch „antworten". Erst wenn die Geschichte zu Ende ist, antwortet der Zuhörer, indem er den Geschichtenerzähler direkt ansingt und zwar mit der Aufgabe, ihm mit Hilfe des Liedes zu geben, was er braucht. Oft laufen dabei die Tränen und die Nase und die Augenschminke, aber das ist in Ordnung. Manchmal haben Studenten das Gefühl, daß sie es nicht „hingekriegt" haben, aber sie werden irgendwann noch einmal die Chance bekommen, es zu wiederholen. Dabei geht es nur um die Erfahrung und nicht darum, es diesmal „richtig" zu machen.

Wir hoffen, daß die Studenten in diesem Labor lernen werden:

- Mit Übertreibungen und Andeutungen, diesem Zeigen „wie sich ihre Charaktere verhalten *würden*", aufzuhören.
- Zu vergessen, wie sie aussehen, und sich nicht länger beim Darstellen zu beobachten.
- Lernen bedeutet Fehler machen, und das Bedürfnis, perfekt zu sein, ist tödlich, weil es jedes Forschen unterbindet.
- Daß vor allem im ersten Jahr Kritik gegenüber sich selbst oder anderen schädlich sein kann.
- Sowohl für die Tragödie als auch für die Komödie ist es notwendig, auch häßlich und lächerlich sein zu können.
- Sich beim Improvisieren auf die Aufgabe zu konzentrieren und nicht auf ihren inneren Kritiker.
- Improvisieren wird leichter mit der Zeit.
- Ihre Energie und Aufmerksamkeit zu fokussieren.
- Dem Lehrer zu vertrauen, daß er sichere Grenzen setzt und einhält, so daß sie die „Kontrolle verlieren" können.
- Auf positive Art miteinander zu konkurrieren.
- Zum Arbeiten bereit in die Klasse zu kommen (Kleidung, Materialien, Einstellung).
- Eine gute Arbeitshaltung zu haben (pünktlich zu sein und nicht in den Tagesproblemen steckenzubleiben, auch wenn der *produktive* Einsatz derselben ermutigt wird).

Glaubhaft sein

„We could make believe..." („Showboat"), so tun, „als ob" wir wirklich verliebt wären, ohne Heuchelei vorgeben, daß es wahr ist. Der Schauspieler kennt den Unterschied zwischen Phantasie und Realität, aber je besser er darin ist, in die Welt der Improvisation oder des Stückes einzutauchen, um so glaubhafter wird er sein. Diese Klasse beginnt mit dem Anfangskreis und geht dann weiter mit:

Von einer Phantasiereise zu einer Improvisation
1. Vorbereitung: „Sensory awareness" (Kapitel III, Seite 60)
Die Studenten liegen mit geschlossenen oder verbundenen Augen in der CRP und erhalten folgende Anweisungen:
a) Seid euch der Geräusche im Raum bewußt (der Lehrer macht verschiedene Gehgeräusche, klatscht in die Hände, kratzt mit einem Stuhl über den Boden, lacht, zerknüllt Papier, läutet eine Glocke, usw.).

b) Seid euch der Gerüche im Raum bewußt (der Lehrer bringt jedem Studenten eine frisch geschälte Orange oder Mandarine, einen frisch geschnittenen Kiefernzweig, Parfum usw.).

c) Seid euch des Tastsinns bewußt (der Lehrer berührt jeden Studenten mit einem Schal, einer Bürste, einem Metallöffel usw., oder er läßt ihn diese Dinge fühlen).

d) Seid euch des Geschmackssinns bewußt (der Lehrer bringt jedem Studenten ein Stück in Sojasauce getauchtes Brot, ein Stück Mandarine, eine Rosine, Schokolade usw.).

Anmerkung: Die Formation des Anfangskreises wird beibehalten, die Studenten liegen mit den Füßen nach innen, und ihre Köpfe bilden den Außenkreis.

2. Phantasiereisen (Kapitel III, Seite 63)

Stellt euch vor, daß ihr sechs Jahre alt seid. Seht zuerst das Haus, in dem ihr damals gelebt habt. Geht in euren Gedanken in euer Zimmer oder einen Ort für euch alleine. Benutzt alle eure Sinne, um wirklich dort zu sein: spürt die Temperatur, seht das Licht, seht die Fenster, den Boden, die Decke, die Wände und die Tür, seht die Farben und Formen, berührt jedes Möbelstück und riecht die Luft. Verlaßt dann euer Zimmer, und geht durch das Haus. Seht die Haustiere und die Menschen, vor allem die Menschen. Findet ein spezielles Objekt, etwas, das für euch damals besondere Bedeutung hatte, als Tür zu einer Erinnerung aus dieser Zeit. Nehmt euch Zeit, und denkt an etwas Wichtiges, das an diesem Ort passiert ist, mit diesen Menschen und mit diesem Objekt.

Nach fünf oder zehn Minuten in der Erinnerung, findet einen Weg, euch zu verabschieden. Ihr seid in der Lage, das Objekt mit euch in die Gegenwart zu nehmen. Nachdem ihr euch verabschiedet habt, werdet euch der Geräusche in *diesem* Raum und eures Körpers auf *diesem* Boden bewußt. Führt eure Knie auf die Brust, und rollt euch auf die Seite. Setzt euch langsam auf, und wartet auf Anweisungen.

3. Die Improvisation

Wenn alle sitzen, veranlaßt der Lehrer die Studenten, den Kreis zu verlassen. Aus einem Haufen grundverschiedener Dinge (alles in diesem Raum verfügbare: Schuhe, Handtücher, Bücher, Tanztaschen, Kleidung usw.) sollen sie das Teil herausholen, das dem imaginären Objekt aus ihrer Erinnerung am nächsten kommt. Nachdem die Studenten wieder im Kreis auf dem Boden sitzen, beschreibt jeder der Reihe nach das Objekt, das er von „zu Hause" zurückgebracht hat, und erzählt, während er sich immer auf das Objekt konzentriert, das bedeutsame Ereignis, in welchem es eine Rolle spielte. Danach singt er ein Lied (ein Volks- oder Kinderlied), das er mit dieser Zeit verbindet. Nachdem auch dieser Teil der Aufgabe erfüllt ist, bleibt der Student ein Kind und beschäftigt sich mit seinem Spielzeug/Objekt, während die nächste Person im Kreis ihr Objekt beschreibt. Dies geht so weiter bis alle ihre Geschichte erzählt und gesungen haben und mit ihren Objekten spielen. Daraufhin wird sich jeder der anderen bewußt und verhält sich zu ihnen als Sechsjähriger auf einer Geburtstags- oder Weihnachtsparty.

Wenn die Situation und die Beziehungen gefestigt sind, steigen die Lehrer als Erwachsene, die mit diesen Kinder zu tun haben, in die Improvisation mit ein. Wo auch immer die Improvisation hinführt, respektiert die Grundregeln aller Improvisationen: *Verletzt euch selbst nicht, verletzt keinen anderen, laßt das Studio ganz* (kleine Beschädigungen sind erlaubt).

Das Musical-Labor basiert auf folgenden Voraussetzungen:
1. Der erste Schritt auf dem Weg zu einer Rolle ist, physisch selbstbewußt zu werden.
2. Das Bewußtsein des Selbst und der Sinne zu erhöhen, hilft dem Studenten dabei, die Erinnerung an ihm bekannte Plätze, Objekte und Zustände dafür zu nutzen, den Ort des Stückes und die physische Realität der Rolle zu kreieren.
3. Bedeutungsvolle persönliche Anekdoten zu erzählen, ist für die Studenten manchmal die erste Erfahrung damit, einen stark emotionsgeladenen Monolog zu halten, ohne „zu schauspielern". Wenn sie diese Gefühle in eine Improvisation oder ein Lied mit einbringen, haben sie ihre eigene Vergangenheit dazu benutzt, die Gegenwart ihrer Rolle zu kreieren.
4. Weil Improvisationen weder geplant noch niedergeschrieben werden, müssen die Studenten lernen, für das Hier und Jetzt der Szene offen zu sein. Dies hilft ihnen, die Situation zu glauben, weil sie ja ihre eigene Schöpfung ist. Wenn sie sie nicht glauben, überträgt sich das sofort, und der Lehrer kann darauf eingehen.
5. Indem sie wissen, wer sie sind, wo sie sind, was sie tun und was sie wollen, werden unsere Musicalstudenten glaubhaft.

Das Auftreten lernen

Letztlich ist die Absicht des Musical-Labors, den Studenten die Gelegenheit zu geben, grundlegendes darstellerisches Können zu lernen, und das, was sie in all ihren anderen Klassen gelernt haben (Tanz, Gesang, Schauspiel), zu integrieren, indem sie ein- oder zweimal die Woche neue Musical-Momente füreinander improvisieren. Das Labor ist Basis und Synthese des Studiengangs.

Die Studenten müssen lernen, was jede einzelne Disziplin verlangt, aber auch was allen gemeinsam ist, und was es heißt, sie zu kombinieren. In allen drei Disziplinen ist der lebendige, atmende, aufgeschlossene Körper des Darstellers das Instrument, durch welches er seine gesammelte Energie aussendet, um das Publikum zu erreichen und zu gewinnen. Der Einsatz des Selbst in einem Solo, einem Duett oder einem Ensemble mag unterschiedlich sein. Aber worin auch immer dieser Unterschied bestünde, er wäre in allen drei Disziplinen derselbe. Der Anfangskreis führt zum Doppelspiegel (Kapitel III, Seite 79). Die Studenten werden wachsam und konzentriert und reagieren spontan auf das, was sie sehen. Die Gruppe teilt sich in mehrere kleine Gruppen auf und setzt diese Tanzübung fort. Die Führung wird abgegeben, und die Studenten lernen, das Tempo zu bestimmen, während der Tanz weitergeht. Ohne Unterbrechung drehen sich die Gruppen dann zum Publikum, und der Lehrer bestimmt die „Stars", indem er ihnen ein Kissen gibt (Kapitel III, Seite 108). Es verlangt unglaubliche Energie, um aus der Gruppe hervorzutreten, zu strahlen, als ob man im Rampenlicht stünde. Die anderen Darsteller dämpfen ihre Energie, nehmen die Rollen von „Back-ups" an. Die Rollen wechseln. Alle Darsteller müssen ihre Aufmerksamkeit aufteilen, sorgfältig auf ihre Plazierung im Raum achten, während sie spiegeln, gleichzeitig tanzen und das Kissen im Auge behalten, während sie auf „Starruhm" warten, und sie müssen „es verkaufen", während sie nach Atem ringend weitermachen, bis der Lehrer zum Ende ruft. Zeit für eine Pause.

Nach der Pause werden verschiedene Übungen auf ein gemeinsames Ziel hin kombiniert, „Auftreten lernen". Die Übungen sind: Emotionen spiegeln (Kapitel III, Seite 103), Von der persönlichen Anekdote zum Lied (Kapitel III, Seite 105), Vom Dialekt zum Nonsens (Kapitel III, Seite 115), Die Stimme in den engen, mittleren und weiten Raum senden (Kapitel III, Seite 108 *Kissen benutzen*). Jeder Student wählt ein Lied. Der erste gibt dem Pianisten die Noten und steht vor seinen Klassenkameraden, dem Publikum. Der Lehrer flüstert dem Studenten eine Emotion ins Ohr. Der Student denkt an ein Ereignis in seinem Leben, in der diese Emotion extrem stark war. Er wählt einen Klassenkameraden als seinen Partner und holt ihn in den Bühnenbereich. Während er seine ganze Aufmerksamkeit auf den Partner richtet, erzählt er die persönliche Anekdote im Dialekt oder Wortschatz von damals. Wenn es sich zum Beispiel um einen Schreckensbericht aus seiner Heimat Bayern handelt, als der Student sieben Jahre alt war, vergißt er die Bühnensprache, für die er als Erwachsener so hart gearbeitet hat, und fällt zurück in seine Kindheitssprache. Wenn er zur Kulmination der Erzählung kommt und die vorgegebene Emotion am stärksten ist, geht er zum Nonsens über, d. h. zu einer erfundenen „Fremdsprache", und erzählt den Höhepunkt der Geschichte in dieser Sprache.

Der Student behält diese starke Emotion bei und nickt dem Pianisten zu, wenn er bereit ist zu singen. Er singt direkt zu seinem Partner und läßt dabei die extremen Gefühle in die Worte des Liedes fließen. Wie bei vielen Übungen wird das Lied ausgewählt, bevor man weiß, in welchem Kontext es gesungen wird. BLUE MOON in einem Zustand der Angst für einen Partner zu singen, wird vielleicht den Schöpfern dieses Liedes nicht gerecht, aber es verschafft dem Schauspieler die Gelegenheit, neue und überraschende Bedeutungen in dem Text und Möglichkeiten für das Spielen einer Musicalszene zu entdecken, d.h. die Emotion zu rechtfertigen. Während das Lied gesungen wird, könnte der Lehrer andere Klassenkameraden auf die Bühne schicken, um die Situation zu unterstützen und glaubhafter zu machen, indem er ihnen Rollen aus der Geschichte des Darstellers zuweist. Im Verlauf des Liedes verlegt der Sänger seinen Fokus weg vom Partner und hin zum Publikum (d. h. durch die vierte Wand hindurch). Ereignisse, die im Laufe der Improvisation passieren, dürfen die Darstellung beeinflussen.

Durch diese Übung lernen die Studenten, sich auf der Bühne zu Hause zu fühlen:
- Sich wohlzufühlen, während sie sich zeigen, und zu ihrem eigenen Vorteil auch zu wissen, wie man das macht.
- Mit der Theaterausstattung (den Lichtern, Requisiten usw.), dem Jargon (Bühne rechts, die vierte Wand usw.), den Umgangsformen (Verhalten hinter der Bühne, niemandem „die Schau stehlen" usw.) und den Bräuchen (nicht pfeifen, Deodorant benutzen usw.) vertraut zu werden.
- In der Lage zu sein, ihre Aufmerksamkeit zwischen dem Spielen einer Rolle in einer Szene und den Aufgaben des Darstellers aufzuteilen: also glaubhaft zu sein und, wenn nötig, das Tempo zu beschleunigen oder einen heruntergefallenen Hut aufzuheben, die Intentionen des Charakters zu rechtfertigen und sich an den Text, die Musik, die Choreographie und die Regie zu erinnern, gleichzeitig natürlich und „larger than life" zu sein.
- Fähig zu sein, Anweisungen bezüglich Bewegung, Musik und Schauspiel sowohl aufzunehmen als auch sich zu merken.
- Darauf zu vertrauen, daß sie auf die Bühne gehören.

Zusätzlich zu den obigen Beispielen für Übungsreihen innerhalb einer Klasse sind hier einige andere mögliche Varianten:
- für Ensemble-Arbeit: der Doppelspiegel (III., Seite 79), Streicheln (III., Seite 58), Öffnen (III., Seite 59), In Körperteile summen (III., Seite 62), Erste Schritte (III., Seite 63), Ein Spaziergang durch den Wald (III., Seite 70), „Jamming" (III., Seite 75), Lieder in unerwarteten Zusammenhängen (III., Seite 96), Emotionen spiegeln (III., Seite 103), Kissen benutzen (III., Seite 108).

- für hemmende Angewohnheiten loswerden: Selbstbericht (III., Seite 60), Von einer persönlichen Anekdote zu „Sound and Movement" (III., Seite 99), Masken (III., Seite 99), Singen mit einer Intention (III., Seite 107), Die acht elementaren Antriebsaktionen in einer Schauspielimprovisation (IV., Seite 154).
- für Glaubhaft sein: Der Abwesende anwesend (III., Seite 97), „Inside/Outside" (III., Seite 106), Singen mit einer Intention (III., Seite 107), Singen aus der Gegenwart (III., Seite 122), die gesamte Arbeit mit dem Laban-Material (Kapitel IV.).
- für Auftreten lernen: Gleichzeitig sprechen oder singen (III., Seite 77), Der schwedische Kreis (III., Seite 71), Singen mit einer Aufgabe (III., Seite 107), „Singing out" (III., Seite 75), Das Auswechselspiel (III., Seite 101), Kissen benutzen (III., Seite 108) und alle Darstellungsübungen (III., Seite 113 ff.).

Dies sind Vorschläge, keine Dogmen. Die Übungen sollten so kreativ wie möglich eingesetzt, und es sollten stets neue entwickelt werden. Wir machen das ständig. Wir empfehlen eigentlich nur, daß das Labor einen Aufbau haben und sich auf ein Gebiet oder Problem pro Sitzung konzentrieren sollte. Und außerdem sollte es natürlich Spaß machen.